Heinz-Josef van Ool

lasst UNS Menschen machen .....
oder
die Weiblichkeit der Samuelbücher

כָּתַבְתִּי אֶת־הַסֵּפֶר הַזֶּה

Heinz-Josef van Ool

lasst UNS
Menschen machen
.....

oder
die Weiblichkeit der
Samuelbücher

Auf den Spurensuche in alttestamentlichen
Texten

gewidmet:
Anna Jansen
r.i.F.

Die Bibelzitate stammen zum Teil aus der
"revidierten Einheitsübersetzung"
zum Teil aus der
„Bibel in gerechter Sprache"

Einführung

Es ist schwierig, ein Buch über Frauen zu beginnen, wenn die Hauptpersonen in den Büchern des Alten Testaments, die als Vorlage dienen, größtenteils Männer sind. Das 1. und 2. Buch Samuel erzählen von einer epochalen Veränderung im Alten Israel; sie erzählen von einem politischen Umbruch.

Die Zeit der sogenannten "Richter" endet mit Samuel als dem Letzten in diesem Amt und das Königtum beginnt mit seinen beiden ersten Vertretern Saul und natürlich David.

Vielleicht ist der Hinweis ein guter Anfang, dass die beiden Samuelbücher ausgerechnet von zwei außergewöhnlichen Frauen gerahmt werden:

Hanna, die Mutter Samuels, steht zu Beginn des 1. Samuelbuches. Fast am Ende des 2. Samuelbuches lesen wir dann von Rizpa, einer Nebenfrau von König Saul, und dem tragischen Ende ihrer Söhne.

So bewegen sich diese beiden Bücher, wie das richtige Leben, zwischen Geburt und Tod.

Aber das Ende im 2. Samuelbuch ist nur ein Zwischenstand.

Die beiden Samuelbücher und die Bücher der Könige gehörten wohl irgendwann einmal zusammen. Es war insgesamt eine Sammlung unabhängiger Geschichten.

In den Kapitel 1-3 des 1. Samuelbuches lesen wir den Beginn der Geschichte des Propheten und Richters Samuel und seine Berufung.

Der Verlust und die Rückkehr der Bundeslade ist Inhalt von 1 Sam 4,1-7,1.

Samuels glückliche Hand beim Kampf gegen die Philister wird uns in 1 Sam 7,2-17 geschildert. Um die Berufung eines Königs geht es in 1 Sam 8,1-22.

Drei Traditionsgeschichten erzählen von Sauls Erwählung zum ersten König von Israel. Zunächst die Erzählung von der heimlichen Salbung durch Samuel (1 Sam 9,1-10,1).

Seine öffentliche Ausrufung zum König erzählt 1 Sam 10,17-27 und sein Auftreten bei der Befreiung der Stadt Jabesch-Gilead (1 Sam 11,1-15) ist dann die 3. und wahrscheinlichste Geschichte darüber, wie Saul zum ersten König von Israel wurde.

Die kriegerischen Erfolge Sauls, die uns in 1 Sam 14,1-52 geschildert werden, werden getrübt von der Verwerfung als König durch seinen väterlichen Mentor Samuel, was eingehend in 1 Sam 13,7-15 und 1 Sam 15,1-35 Thema ist.

Wie Saul als König dramatisch scheitert erzählt 1 Sam 28,3-25 und 1 Sam 31,1-13.

Sein Aufstieg und sein Fall liest sich wie eine der griechischen Tragödien.

Noch während Saul um sein Königtum kämpft, beginnt der unaufhaltsame Aufstieg Davids, der ebenfalls von Samuel (1 Sam 16,1-13) gesalbt wird.

Davids Karriere beginnt als einfacher Hirte. Er wird Musiktherapeut bei Saul und ein furchtloser Krieger im Kampf Sauls gegen die Erzfeinde Israels, die Philister. Legendär ist sein Sieg über Goliath (1 Sam 17).

Durch seine Erfolge wird David zum Liebling aller, was eigentlich schon in seinem Namen begründet liegt, da der Name "David" im Hebräischen mit anderen Vokalen gelesen "Dod" heißt und übersetzt so viel wie "Liebling" bedeutet.

Saul aber misstraut diesem „Sunnyboy" David und beginnt ihn quer durch das ganze Land zu verfolgen (1 Sam 19-26). Schließlich muss David, der sich zwischenzeitlich eine eigene Truppe aufgestellt hat aus Männern, die - wie es heißt - unter Druck standen, die Schulden hatten oder verbittert waren (1 Sam 22,2), sogar bei den Erzfeinden, den Philistern, einen Unterschlupf zu suchen.

Nach seinem Banditendasein in der judäischen Wüste und Vasallentum bei Achisch von Gat wird David, als Saul tot ist, König von Judäa in Hebron (2 Sam 2,4).

Als auch der Nachfolger Sauls in Israel, Ischbaal, als König von Israel ermordet wird, ist für David der Weg frei. Er wird König von ganz Israel (2 Sam 5,3), erobert Jerusalem (2 Sam 5,6-8) und überführt die Bundeslade in die Stadt.

Auf dem Höhepunkt seiner Karriere wird David von dem Propheten Natan eine beständige Dynastie verheißen (2 Sam 7,1-17). Dieser Höhepunkt seiner Macht drückt sich auch darin aus, dass er Erfolge hat im Kampf gegen seine Feinde ringsum.

Doch wie es in einem alten Schlager heißt: "Von nun an ging's bergab", so beginnt der Niedergang Davids mit dem Ehebruch mit Batseba (2 Sam 11,2-12,25) und dem Mordauftrag gegen ihren Mann Urija, einer seiner 30 Helden.

Sein "Haus", sprich seine "Familie" - speziell seine Kinder - hat David nicht unter seiner königlicher Kontrolle.

Der älteste Sohn Amnon vergewaltigt seine Schwester Tamar und wird aus Rache von deren Bruder Abschalom ermordet (2 Sam 13).

Derselbe Abschalom zettelt Jahre später einen Aufstand gegen seinen Vater David an, der aber nach anfänglichem Erfolg kläglich mit seinem tragischen Tod scheitert (2 Sam 15,1-19,44).

Dem Tod Abschaloms folgt ein weiterer Aufstand, der niedergeschlagen werden muss (2 Sam 20,1-22).

Dann schließen zwar die beiden Bücher Samuel mit kurzen Erzählungen, Listen und poetischen Texten, aber die Geschichte Davids geht noch weiter.

Im 1. Buch der Könige treffen wir auf einen altersschwachen, bettlägerigen König, der gepflegt werden muss (1 Kön 1).

Nach der Einsetzung Salomos und dem Tod seines letzten Sohnes aus Hebron, Adonija, stirbt auch David, nicht ohne noch den einen oder anderen mit in die Unterwelt zu reißen.

Während also die Bücher 1 und 2 Samuel sowie die ersten beiden Kapitel des 1. Buches der Könige bis zum Tod Davids entlang den Biographien großer Männergestalten wie eben Samuel, Saul und David strukturiert sind, ist die Darstellung von Frauengestalten eher bruchstückhaft. Von ihrer Biographie wird kaum etwas erzählt. Es scheint so, als wären die Autoren dieser Bücher eher an ihren Funktionen und Rollen als Mütter, Töchter, Ehefrauen oder als weise Frauen und Prophetinnen interessiert.

Deshalb stellte ich mir die spannende Frage: Wie würden die Samuelbücher und die beiden ersten Kapitel des 1. Buches der Könige wohl aussehen, wenn ich die Frauen in den Mittelpunkt stellen würde? Welche Schicksale verbergen sich hinter den Frauen, die zwar in den Gang der Dinge eingreifen, die aber ohne Namen und ohne Eigenleben wieder verschwinden?

Ich bin da doch, glaube ich, auf das ein oder andere sehr Interessante gestoßen.

Ach ja, noch etwas. Das, was Sie hier lesen soll keine wissenschaftliche Abhandlung sein, aber es war eine Menge an Recherche notwendig, um die Geschichten der Frauen aus den Samuelbücher herauszuholen in ein Rampenlicht, das sie verdienen.

Manchmal habe ich ganz auf eigene Worte verzichtet und die Quelle übernommen, schriftstellerische Freiheit nenne ich das.

Manchmal habe ich auch ganz eigene Schlussfolgerungen aufgestellt, die ich so nicht in der einschlägigen Literatur gefunden habe. Und da steh ich zu, wenn sie vielleicht auch etwas gewagt erscheinen mögen.

Ein (verflixter) erster Vers

Das 1. Kapitel des 1. Samuelbuches beginnt mit einer Menge an Highlights.

Am Anfang der Samuelbücher wird es beim Verständnis von biblischen Texten gleich schon heikel mit dem ersten Vers.

Und der liest sich so (revEÜ):

1 Sam 1,1 Einst lebte ein Mann aus Ramatajim, ein Zufiter vom Gebirge Efraim.
Er hieß Elkana und war ein Sohn Jerohams,
des Sohnes Elihus, des Sohnes Tohus, des Sohnes Zuf,
ein Efraimiter",

Und ehe man sich versieht, hat man ihn auch schon wieder vergessen, weil er unbedeutend und keineswegs interessant zu sein scheint.

Doch wenn man sich näher mit diesem ersten Vers befasst, stößt man auf die ein oder andere Schwierigkeit oder Ungereimtheit.

Das beginnt schon mit dem Ort: Ramatajim, der in der Bibel einmalig ist und nur hier vorkommt.

Im Lexikon zur Bibel (herausgegeben von Fritz Rienecker, Gerhard Maier, Alexander Schick und Ulrich Wendel) gibt es nur einen Verweis auf den Ort „Rama".

„Rama" taucht allerdings mehrfach in den gesamten Samuelbüchern auf.

Die Interlinear-Übersetzung des Alten Testaments von Rita Maria Steurer übersetzt „Ramatajim" mit „den beiden Ramas", wohl voraussetzend, dass „Ramatajim" der männliche Plural von „Rama" sein könnte.

Aber wie kann jemand aus zwei Orten gleichzeitig kommen?

Während die revidierte Einheitsübersetzung nur „aus Ramatajim" schreibt, zieht die Bibel in gerechter Sprache „Ramatajim" mit dem Folgewort „Zofim" zusammen, sodass der Ort plötzlich „Ramatajim-Zofim" heißt.

Vielleicht haben die Übersetzer hier an einen unbekannten Vorort von Rama gedacht und ihn sich vorgestellt wie wir heute Köln-Deutz oder Düsseldorf-Bilk kennen.

Aber auch das Wort „Zofim" oder „Zufim" ist einmalig im Alten Testament, weshalb im Handwörterbuch von Wilhelm Gesenius eine Übersetzung mit „Zufiter" vorgeschlagen wird, ohne allerdings eine Begründung, wo das Wort eventuell herkommt.

Im Verlaufe des Verses wurde ein Stammbaum (zumindest ein Teil) des Mannes Elkana genannt. An letzter Stelle steht hier: „des Sohnes Zufs".

Dann könnte die Bezeichnung „Zufiter" vielleicht daher rühren, dass der Mann aus der Zufiter-Sippe stammte, was hier besonders erwähnenswert schien.

Ein Nachforschen im bereits genannten Lexikon zur Bibel verwirrt dann aber zusehends, denn dort ist aufgeführt, dass es auch eine Landschaft „Zuf" gibt; denn in 1 Samuel 9,6 heißt es von Saul und seinem Sklaven, sie wären auf der Suche nach den entlaufenen Eseln in das

Gebiet von „Zuf" gekommen.

Sei es wie es sei.

Elkana war ein Zufiter, weil er aus der Sippe seines Ururgroßvaters Zuf stammte und/oder in der Landschaft Zuf wohnte.

Oben haben wir den Ort „Ramatajim" gleichgesetzt mit dem Ort „Rama". Und auch das ist nicht so eindeutig.

Laut Lexikon zur Bibel gibt es den Ort zweimal - sogar mit Koordinaten.

Das erste Rama liegt vermutet 8 Kilometer nördlich von Jerusalem im Stammesgebiet von Benjamin.

Seine Existenz wollen folgende Bibelstellen bezeugen:

Jos 18,25;

Ri 19,12f;

1 Kön 15,17f;

Jer 40,1;

Esr 2,26;

und Neh 7,30.

Ein zweiter Ort mit Namen Rama liegt zirka 14 Kilometer nordöstlich von Lod und hat als Grundlage folgende Bibelstellen:

1 Sam 2,11;

1 Sam 7,17;

1 Sam 8,4;

1 Sam 15,34;

1 Sam 19,18;

1 Sam 25,1;

und eben 1 Sam 1,1.

Erleichtert könnte man jetzt feststellen:

„Aha, der 2. Ort ist der Ort unseres Mannes Elkana.

Bevor wir jedoch auf die Idee kommen und wir uns die Mühe machen, die einzelnen Stellen auf ihre Aussagefähigkeit zu überprüfen, ein kurzer Hinweis: Im Lexikon zur Bibel heißt es am Schluss zu dem Eintrag „Rama": „Vielleicht ist der 2. Ort auch identisch mit dem 1."

Puh!

Wer bis hierher durchgehalten hat, ist demnach genauso schlau wie zu Anfang.

Aber dem Ganzen fehlt noch das i-Tüpfelchen.

Im zweiten Versteil folgt hinter der Aufzählung der Väter noch eine Herkunftsangabe der Begriff: ein Efraimiter.

Gut, kann man denken, das bleibt nicht aus, schließlich liegt das „Ramatajim" oder „Rama" im Gebirge Efraim.

Diese Zuordnung zu den Efraimitern, also zum Stamm Josef (Efraim war ein Sohn von ihm), kommt aus der Septuaginta.

„Langsam", werden Sie denken:

„Was ist "Septuaginta"?

Die Septuaginta ist eine Übersetzung des Alten Testaments aus dem Hebräischen ins Griechische, damit die Juden in der ägyptischen Diaspora in Alexandria, die nur Griechisch sprachen, das Alte Testament lesen konnten. Diese Übersetzung stammt aus dem 3. Jahrhundert vor Christus.

Und in ihr - der Septuaginta - steht im 1. Vers des 1. Kapitels des 1. Samuelbuches: ein *Efraimiter*. Und diesen Text hat hier die deutsche Übersetzung übernommen.

Der Hebräische Urtext aber, der uns vorliegt, hat hier ein anderes Wort stehen, nämlich: *Ephratiter*.

Dasselbe Wort „Ephratiter" finden wir unter anderem in 1 Sam 17,12 für den Vater Davids.

„Ephratiter" sind Bewohner aus „Ephrata" und das ist eine alte Bezeichnung oder frühere Form für den Ort „Betlehem".

Das unser Mann Elkana aber Ephratiter, demnach aus Betlehem und damit aus dem Stamm Juda stammen sollte, ist was ganz Neues und eigentlich nicht gerade hilfreich und erst recht nicht sinnvoll, wie wir noch sehen werden.

Der Hinweis aus dem Hebräisch-Handwörterbuch von Wilhem Gesenius ist somit durchaus nachvollziehbar, wenn er behauptet, dass die Übersetzung der Septuaginta gegenüber den Hebräischen Bibel hier den ursprünglicheren Text bewahrt hat.

Deshalb bleiben wir auch bei der Angabe: Efraimiter.

Elkana ist ein Efraimiter, also aus dem Stamm Josef, und wohnt in der Landschaft Zuf auf dem Gebirge Efraim.

Jetzt lehnen wir uns entspannt zurück, weil wir den 1. Vers des 1. Kapitels des 1. Samuelbuches erfolgreich auseinandergenommen, hinterfragt haben und zu einer befriedigenden Lösung gekommen sind.

Nur.....

Wäre da nicht noch der verflixte Hinweis im Lexikon zur Bibel, dass Elkana ein Levit war, also aus dem Stamm Levi stammte und mitnichten aus dem Stamm Josef.

Es wird hier auf das 1. Buch der Chronik Kapitel 6, die Verse 18-23 verwiesen; und da taucht der komplette Stammbaum Elkanas auf, der tatsächlich bis zu seinem Stammvater Levi zurückgeht.

Und dieser Stammbaum steht so da:

Samuel war der Sohn von Elkana
Elkana war der Sohn von Jeroham
Jeroham war der Sohn von Eliab
Eliab war der Sohn von Nahat,
Nahat war der Sohn von Zuf
(soweit waren wir schon im 1 Sam 1,1)
Zuf war der Sohn von Elkana
(und jetzt wird es in der Chronik total unübersichtlich)
Elkana war der Sohn von Elkana?
usw.

Es folgen Söhne auf Söhne und zwar so, dass im Lexikon der Bibel zu „Elkana" steht: „Im gleichen Stammbaum finden wir den Namen Elkana noch dreimal, wobei die Angaben nicht immer eindeutig zuzuordnen sind."

Das ist alles mehr als verwirrend!

Warum aus dem Levit später unbedingt ein Efraimiter werden musste oder umgekehrt, weiß der Himmel.

Abgesehen von den Worten, die tatsächlich im Text stehen, sollte man der Einfachheit halber unseren 1. Vers des 1. Kapitels des 1. Samuelbuches damit vielleicht so lesen:

1 Sam 1,1 *"Elkana war ein Zufiter, weil er aus Rama in der Landschaft Zuf stammte, die im Gebirge Efraim liegt. Deshalb wurde er, der Levit, dann auch als Efraimiter bezeichnet, obwohl er, der Sohn von ..... , also ausdrücklich aus dem Stamm Levi stammte.*

Ich finde biblische Übersetzung und Auslegung so herrlich kompliziert einfach, wie die Beschäftigung mit diesem ersten Vers eindrucksvoll zeigt und Manches macht überhaupt keinen Sinn.

Jetzt haben wir so viel Zeit schon mit dem 1. Vers des Samuelbuches verbracht, ohne viel erreicht zu haben, weil der Vers weiterhin rätselhaft bleibt.

Aber ich verspreche, dass wir jetzt zu den Frauen der Samuelbücher weitergehen. Und ich verspreche auch, dass wir so kleinkariert keinen Vers mehr angehen werden.

Hanna und Peninna

Das 1. Kapitel des 1. Samuelbuches beginnt mit einer Menge an Höhenpunkten.

Wenn man den 1. Vers mit Namen, Stammbaum und Herkunft von Elkana einfach einmal überliest, beginnen wir unsere Recherche sogar mit zwei Frauen. Mit Hanna (hebräisch: "Anmut)" und mit Peninna (hebräisch: "Koralle").

Der Vers lautet so:

1 Sam 1,2 Er hatte zwei Frauen.
Die eine hieß Hanna, die andere Peninna.
Peninna hatte Kinder,
Hanna aber hatte keine Kinder.

Dass ein Mann mehrere Frauen hat, war damals durchaus üblich, sodass diese Praxis an keiner Stelle im Alten Testament diskutiert oder gar kritisiert wird. Es wird direkt ein Unterschied zwischen beiden Frauen angeführt: Peninna hatte Kinder, Hanna nicht.

Heiraten und Kinder zu bekommen, gehörte zur normalen Biographie von Frauen im damaligen Israel. Dass eine Frau unfruchtbar ist und damit in Konkurrenz tritt zu einer Frau, die schon Kinder bekommen hat, kennen wir bereits aus so manchen Erzählungen des Buches Genesis.

Bei der Abrahamgeschichte ist es Sara (hebräisch: "Prinzessin"), die zunächst keine Kinder bekommen kann.

In der Jakoberzählung streiten die Schwestern Lea (hebräisch: "Kuh") und Rahel (hebräisch: "Schaf") um die Liebe ihres Mannes, die durch reichen Kindersegen zum Ausdruck gebracht werden soll.

Mutterschaft wurde als ein Geschenk Gottes verstanden und reicher Kindersegen zeigte an, dass man besonders in Gottes Gunst stand. Anders herum war Kinderlosigkeit zwar ein schweres Schicksal, aber wurde nicht als Strafe Gottes angesehen. Hinter dem Ganzen stand auch die Vorstellung, dass Gott für Fruchtbarkeit und Kinderlosigkeit verantwortlich war.

Zurück zum Vers.

Wir haben hier also zwei namentlich genannte Frauen des Mannes Elkana, die sich nur dadurch unterscheiden, dass die eine, Hanna, unfruchtbar ist und die andere, Peninna, mehrere Kinder hat.

Mehr sagt dieser 2. Vers bisher nicht aus.

Der 3. Vers schildert dann, dass dieser Mann aus seiner Stadt hinaufzieht, um dem JHWH der Heere in Schilo anzubeten und zu opfern.

1 Sam 1,3 Dieser Mann zog Jahr für Jahr von seiner Stadt hinauf, um den HERRN der Heerscharen in Schilo anzubeten und ihm zu opfern.
Dort waren Hofni und Pinhas, die beiden Söhne Elis, Priester des HERRN.

Weiter wird dort also gesagt, zwei Söhne Eli's, die auch namentlich benannt werden, sind dort in Schilo als Priester tätig.

Für jemanden wie mich, der immer nur vom Tempel in Jerusalem ausgegangen war, ist es zunächst einmal eine völlig neue Erkenntnis, dass in dem Ort Schilo ein JHWH-Tempel gestanden haben soll.

Dazu kommt in Kapitel 3 Vers 3 auch noch die Information, hier im Tempel zu Schilo habe die Bundeslade gestanden. Und anscheinend nicht in einem Zelt, denn ein Zelt in einem Gebäude wäre doch unsinnig und wird auch nicht erwähnt.

Dass hier in Schilo die Bundeslade stand, weist auf eine hohe Bedeutung dieses Heiligtums hin.

Die Bundeslade war ein rechteckiger Kasten, in dem Mose u.a. die Gesetzestafeln aus Stein vom Sinai hineingelegt hatte. Die Bundeslade zog mit den Israeliten vom Sinai 40 Jahre durch die Wüste und wurde als Zeichen der Gegenwart JHWH's dem Volk vorangetragen.

Laut Lexikon zur Bibel lag der Ort Schilo ungefähr 30 Kilometer nördlich von Jerusalem im Gebiet des Stammes Efraim.

Vielleicht lag das JHWH-Heiligtum in Schilo ja auf einer Anhöhe, denn nicht umsonst heißt es im Text, wie es später auch zum Tempel von Jerusalem hieß, dass man zum Heiligtum hinaufzog.

Zum ersten Mal in den Büchern des Alten Testaments begegnet uns hier auch der "JHWH-Zebaoth", der Gott der Heere. Was damit genau gemeint ist, lässt sich nur vermuten. Der Begriff kann auf das Militärische bezogen sein, dann wäre es JHWH der Heere, des Heerbanns Israel.

Zwei weitere Bedeutungen bieten sich noch an, zum einen, dass er JHWH Herr der Himmelskörper ist oder JHWH Herr der Himmelsgötter. Eindeutig ist nur, dass der Begriff auf eine besondere Macht JHWH's hindeuten soll.

Der Satz über Eli und seine Söhne, die Priester sind, steht ziemlich zusammenhanglos im Text. Man muss hier einfach auf nähere Informationen in den folgenden Versen hoffen. Die kommen dann auch.

Aber die beiden Sätze dieses 3. Verses räumen bei mir noch mit einem anderen Vorurteil auf. Bisher war ich davon ausgegangen, dass am Tempel (hier zum Beispiel in Schilo) generell nur Priester opfern durften. Aber hier heißt es ausdrücklich, dass Elkana nach Schilo hinaufzog, um JHWH anzubeten und zu opfern. Noch deutlicher wird das in 1 Sam 1,21, wo Elkana mit seiner ganzen Familie hinaufsteigt, um das jährliche Opfer darzubringen.

1 Sam 1,21 Als dann Elkana mit seiner ganzen Familie wieder hinaufzog, um dem HERRN das jährliche Opfer und die Gaben, die er gelobt hatte, darzubringen, ...

Ja, Vers 1 Sam 1,25a lässt vermuten, dass Hanna, eine Frau, im oder beim Tempel von Schilo sogar zusammen mit ihrem Mann schlachtete und das Opfer (einen dreijährigen Stier) mitopferte.

1 Sam 1,25a Als sie den Stier geschlachtet hatten, ...

All diese Stellen zeigen an, dass die Familie Elkanas ein Schlachtfest feierte, indem sie einen Teil opferte und anschließend das Fleisch verzehrte. Genau davon erzählen die Verse 1 Sam 1,4 und 5. Dabei kommt es zwischen den Frauen immer wieder zu Kränkungen, die von Peninna ausgehen.

Während Elkana Hanna bevorzugt, indem er ihr einen besonderen Anteil am Festessen zukommen lässt. Er betont, dass er sie liebt und sie besser für ihn ist als zehn Söhne. (Es fällt eine Parallelität zum Buch Rut auf. Auch dort wird Rut von den Frauen gepriesen, weil sie für die Noomi mehr wert ist als sieben Söhne.) Doch Hanna weint nur, weil sie wegen ihrer Kinderlosigkeit immer wieder Kränkungen erfahren muss.

Bis zu dieser Stelle wird man Hanna als bedauernswerte Frau sehen, Peninna dagegen als eine Frau, die zwar wegen ihrer vielen Kinder (=Gottessegen) eigentlich zufrieden und glücklich sein sollte, aber aufgrund des mangelnden Einfühlungsvermögens ihres Mannes oder auch der mangelnden Zuneigung, zu einem zänkischen Drachen mutiert ist.

Und dann nimmt diese Hanna ihr Schicksal selbst in die Hand.

Nachdem sie in Schilo gegessen und getrunken hat, geht sie in den JHWH-Tempel. Dort bricht ihre ganze Verbitterung in einem heftigen Weinen aus ihr heraus.

Übrigens taucht ab hier ihre Rivalin Peninna nicht mehr auf. Sie hat ihre Rolle als Gegenspielerin erfüllt und verlässt die Geschichte mit einem wenig erfreulichen Nachgeschmack.

Hanna bittet JHWH um einen Sohn. JHWH soll sich an sie erinnern, an sie denken.

Sich an JHWH zu erinnern, gehört zu den wichtigsten Aufgaben Israels. Auf der anderen Seite soll auch JHWH an Israel denken, sowohl an das Volk als auch an jeden Einzelnen und sie nicht im Stich lassen.

Hanna verspricht ihren Sohn, den JHWH ihr schenken soll, der Gottheit zu weihen. Das Gelübde, das Hanna hier leistet, ist ein sogenanntes Nasiräergelübde (Num 6). Für den Sohn würde das bedeuten, eine vollkommene Hingabe an Gott. Äußeres Zeichen dafür sind: Haare und Bart nicht zu schneiden und keinen Wein und kein Bier zu sich zu nehmen.

Dass Hanna allein in das Tempelheiligtum gehen kann und dort ein Nasiräergelübde ablegt, zeugt von einer enormen kultischen Selbstständigkeit dieser Frau. Und das in einer rein patriarchalischen Gesellschaft.

Aber dem Ganzen die Krone aufsetzen, geschieht dadurch, dass sie dem Priester Eli, der auf seinem Stuhl am Eingang des Tempels die Heiligkeit des Ortes sicherstellen soll, ohne Hemmungen und Folgen widerspricht. Und Eli akzeptiert ohne Weiteres die Widerrede der Hanna und wünscht ihr nicht nur „Schalom", sondern auch die Erfüllung ihrer Bitte an JHWH.

Im hebräischen Text kommt dann noch etwas zum Ausdruck, das man im Deutschen so nicht wiedergeben kann. In den Versen 17, 20, 27 und 28 taucht wiederholt das Verb „schaal" auf, das in der revidierten Einheitsübersetzung mit unterschiedlichen Worten wiedergegeben wird.

Im Vers 17 heißt es "Bitte", im Vers 20 "erbeten", im Vers 27 wiederum "Bitte" und in Vers 28 "zurückfordern" bzw. ein "Zurückgeforderter".

Das hebräische "schaal" klingt sehr ähnlich dem Namen "schaul", übersetzt mit Saul. Man könnte also vermuten, dass bereits in seiner Empfängnisgeschichte Samuel geheimnisvoll mit dem ersten Königs Israels, mit Saul, in Verbindung gebracht wird.

Natürlich lässt sich der Name Samuel auch anders herleiten, nämlich von "schama el"; und das hieße dann: "erhört hat Gott" und nicht "ich habe erbeten". Gottes Zuwendung an Hanna äußert sich dann darin, dass er an sie gedacht hat.

Man sollte die Erzähler der Bibel allerdings nicht für so naiv halten, dass sie nicht wussten, dass auch der Zeugungsakt zwischen Frau und Mann dazugehörte. Trotzdem wird in Vers 19 betont, dass Elkana mit seiner Frau Hanna schlief.

Viel wichtiger und beachtenswerter ist aber der Halbsatz in Vers 19 "und hatte kein trauriges Gesicht mehr". Hier finde ich die Übersetzung der "Bibel in gerechter Sprache" viel aussagefähiger, wenn da steht: "und ihr Gesicht war nicht mehr wie vorher." Allein schon der Gedanke daran, dass Gott sich ihrer erinnert, lässt sie anscheinend aufleben und aufblühen. Denn vorher war sie ja verweint und traurig.

Und tatsächlich wird Hanna schwanger.

Wenn ich die Verse 21-28 lese, so fallen mir auch da wieder einige Besonderheiten auf, die so nicht direkt ins Auge springen, sondern auf die ich gestoßen werden musste.

Auch hier ist wieder von einer sehr selbstbewussten Frau die Rede (Vers 22), wenn Hanna ihrem Mann mitteilt, dass sie nicht mit zur jährlichen Wallfahrt von Rama nach Schilo geht, bis sie ihren Sohn abgestillt hat.

Und der Mann Elkana akzeptiert ihre Entscheidung, obwohl man eigentlich anderes erwarten könnte.

Im Alten Orient war es durchaus üblich, ein Kind 3 Jahre zu stillen. Man kann also mutmaßen, dass Samuel so um die 3 Jahre alt war, als er zum ersten Mal mit der ganzen Familie zur Opferwallfahrt nach Schilo kommt.

Und Hanna zögert nicht, dort ihr Gelübde zu erfüllen. Im Text heißt es nur:

"der Knabe aber war damals noch sehr jung."

Auch dies lässt darauf schließen, dass Samuel noch recht klein war.

Hanna übergibt Samuel dem Priester Eli.

Vielen, mit denen ich über diese Textstellen sprach, zeigten Entrüstung, weil hier in keinem Satz davon gesprochen wurde, wie Hanna und vor allem Samuel diese Trennung wohl empfunden haben. Manche spürten sogar eine gewisse Gefühlskälte, so wie die ganze Sache hier geschildert wird.

Aber darum geht es nicht.

Sicher wird Samuel geweint haben.

Sicher wird seine Mutter traurig und voller Sorge Abschied genommen haben.

Dem Erzähler aber ist nur wichtig, dass JHWH sich Hanna's annahm und sich ihrer erinnerte. Sich erinnerte an die Bitte Hanna und diese dann ihrerseits ihr gegebenes Versprechen einlöste.

Mit den Gedanken an die fehlenden überlieferten Gefühle von Mutter und Sohn, vergisst man ganz eine andere Ungereimtheit, die der Text uns hier zumutet.

In Vers 24 ziehen Elkana und seine Familie mit 3 Stieren, einem Efa Feinmehl und einem Schlauch Wein zum Heiligtum nach Schilo. Geschlachtet wird aber 1 Stier. Was mit den anderen geschieht, verschweigt der Text. Dies ist ein sogenanntes textkritisches Problem.

Aber es ist müßig darüber zu spekulieren, ob es nun 1 Stier oder 3 Stiere waren; und was mit dem Efa Feinmehl und dem Schlauch Wein passiert ist.

Dass Hanna mitschlachtete, zeigt noch einmal, dass auch Frauen im Alten Testament aktiv am Opfer beteiligt waren.

Auf den letzten Satz in Vers 28:

"Und sie beteten dort den HERRN an."

komme ich später in einem anderen Zusammenhang noch einmal zurück.

In den Versen 1 Sam 2,1-10 hören wir oder lesen wir das Danklied Hannas:

1 Sam 2,1 Mein Herz ist voll Freude über den HERRN, /
erhöht ist meine Macht durch den HERRN. /
Weit öffnet sich mein Mund gegen meine Feinde; /
denn ich freue mich über deine Hilfe.
1 Sam 2,2 Keiner ist heilig wie der HERR; /
denn außer dir ist keiner; /
keiner ist ein Fels wie unser Gott.

1 Sam 2,3 Redet nicht immer vermessen, /
kein freches Wort komme aus eurem Mund; /
denn der HERR ist ein wissender Gott /
und bei ihm werden die Taten geprüft.
1 Sam 2,4 Der Bogen der Helden wird zerbrochen, /
die Wankenden aber gürten sich mit Kraft.
1 Sam 2,5 Die Satten verdingen sich um Brot /
und die Hungrigen gibt es nicht mehr. /
Die Unfruchtbare bekommt sieben Kinder /
und die Kinderreiche welkt dahin.
1 Sam 2,6 Der HERR macht tot und lebendig, /
er führt zum Totenreich hinab
und führt auch herauf.
1 Sam 2,7 Der HERR macht arm und macht reich, /
er erniedrigt und er erhöht.
1 Sam 2,8 Den Schwachen hebt er empor aus dem Staub /
und erhöht den Armen, der im Schmutz liegt; /
er gibt ihm einen Sitz bei den Edlen, /
einen Ehrenplatz weist er ihm zu. /
Ja, dem HERRN gehören die Pfeiler der Erde; /
auf sie hat er den Erdkreis gegründet.
1 Sam 2,9 Er behütet die Schritte seiner Frommen, /
doch die Frevler verstummen in der Finsternis; /
denn der Mensch ist nicht stark aus eigener Kraft.
1 Sam 2,10 Wer gegen den HERRN streitet,
wird zerbrechen; /
über ihn lässt er es am Himmel donnern. /

Der HERR hält Gericht
bis an die Grenzen der Erde. /
Seinem König gebe er Kraft /
und erhöhe die Macht seines Gesalbten.

Sie hat ihren Teil erfüllt, wie auch JHWH seinen Part erfüllt hat. Später in Vers 21 werden wir hören, dass Hanna noch 3 Söhne und 2 Töchter bekam, also ihr durchaus noch Kindersegen zu eigen wurde.

Das Danklied Hannas ist ein Psalm. Und zwar der Psalm *einer Frau.*

Während nach dem Exodus das Lied des Mose die kurze Form des Mirjamliedes fast vollständig verdrängte, hören wir hier einen Lobgesang auf den Heiligen in langer Version. Die Siebenzahl der Kinder in Vers 5 steht für Vollständigkeit. Im Übrigen ist Vers 5 die einzige Stelle in diesem Psalm der Hanna, die an die eben erzählten Verhältnisse anknüpft. Und wenn ich eben geschrieben habe, dass wir von Peninna nichts mehr hören, so war das in Bezug auf Vers 5 vorschnell. *"Die Kinderreiche welkt dahin",* ist trotzdem kein ruhmreicher Abgang.

Das Herstellen sozialer Gerechtigkeit ist das Thema in diesem Lied. Damit ist das Lied mehr als hochaktuell. Aber in diesem Psalm ist auch Gott derjenige, der handelt.

Hinweisen möchte ich noch auf den letzten Satz in dem Vers 10.

Seinem König gebe er Kraft /
und erhöhe die Macht seines Gesalbten.

Dieser Schlusssatz lässt vermuten, das der Psalm entweder zu einer späteren Zeit verfasst und der Hanna in den Mund gelegt wurde; oder der letzte Satz wurde in späterer Zeit diesem älteren Text hinzugefügt. Denn ganz klar ist ja, dass es zu dieser Zeit noch gar keinen König und Gesalbten gab.

Der eine oder die andere wird einen Bezug zum Neuen Testament feststellen, wo Lukas einen ähnlichen Text als Magnifikat Maria in den Mund legt. Auch dort ist mit einem theologischen Programm auf die Umwertung der herrschenden Werte hingewiesen.

In Vers 19 des 2 Kapitels im 1. Samuelbuch wird Hanna als Samuel's Mutter bezeichnet, die sich um ihren Sohn weiterhin kümmert und ihm jedes Jahr zur Wallfahrt ein neues Obergewand mitbringt.

"Der Knabe Samuel aber wuchs beim Herrn heran",

heißt es zum Schluss.

Wir sind in den vergangenen Versen zwei Frauen, zwei unterschiedlichen Frauen begegnet. Wobei uns Hanna, die Mutter Samuels näher gekommen ist als deren Rivalin.

Ihr Auftreten hat gezeigt, dass Frauen im Alten Israel entgegen allgemeinen Vorstellungen sehr viel eigenständiger waren was Auftreten, Kult und Opferung angeht, als wir uns vielleicht bisher vorstellen konnten.

Insofern ist die Geschichte der Hanna eine echte Überraschung, hier, ganz zu Beginn der Samuelbücher.

Hanna

sie hatte ihn sich so gewünscht
es war ihr Traum
ihr Lebenstraum
einen eigenen Sohn
nichts wollte sie mehr

lieben, wollte sie ihn
an sich drücken
Mutter ihm sein
ihrem Sohn
der Gedanke daran
trieb Tränen in ihre Augen

aus diesem Traum heraus
kam der fatale Fehler
ihn Gott zu weihen

er, der Ungeborene
sollte ein Kind Gottes werden

nach dem Abstillen
wollte sie ihn in den Tempel bringen
gottgeweiht

und sie war schwanger geworden
und sie hatte geboren

liebkost
hatte sie ihn
wachsen gesehen
hatte sie ihn
gestillt
hatte sie ihn

und da ging er hin
ihr Sohn
ihr Samuel
seine kleine Hand in der Hand des Priesters

traurig schaute er zurück
und sie weinte erneut
er würde ihr so fehlen
ihr Sohn

Dienst am Gottesschrein

Der letzte Satz im 1. Kapitel des 1. Samuelbuches heißt:

"Und sie beteten dort JHWH an."

Eigentlich selbstverständlich, wenn es dort in Schilo ein JHWH-Heiligtum mit der Bundeslade gab.

Und da wir als Christen so ganz auf den Monotheismus eingeschworen sind - das Problem mit der Dreifaltigkeit ist ja ein Kapitel für sich -, stellen wir uns genau auch das vor , dass dort in Schilo ein wie auch immer aussehender Tempel stand und darin dieser Kasten, die Bundeslade.

Aber wir befinden uns in der Zeit Pi mal Daumen um 1100 vor Christus.

Ausgrabungen in Schilo haben aufgezeigt, dass es dort um diese Zeit mehrere kultische Gebäude gegeben haben muss. Vielleicht gab es neben dem JHWH-Heiligtum noch einen Tempel für den Gott Baal oder gar einen Tempel für Aschera, eine sehr beliebte Göttin im ganzen kanaanäischen Raum.

Hier noch ganz zu Beginn der Spurensuche nach Weiblichkeit in den Samuelbüchern, sollten wir mit einem anderen Vorurteil aufräumen. Nämlich, dass Israel in seiner vorexilischen Zeit - das war so vor 586 vor Christus - an nur einen Gott mit dem Namen JHWH glaubte.

Es gab in Israel einen ganzen Götterhimmel. Und es gab die unterschiedlichsten Möglichkeiten der Verehrung, der Anbetung und Opferhandlung.

Die Bibel weist uns selbst an den verschiedensten Stellen darauf hin, dass die Israeliten - und auch die waren keine homogene Gruppe - immer wieder von JHWH abfielen und den Kulten der anderen Völker oder ethnischen Gruppen um sie herum huldigten.

Inwieweit weibliche Gottheiten in Israel eine Rolle spielten, werde ich ganz am Ende anhand der 1. Schöpfungsgeschichte noch eingehend aufzeigen.

Meine lange Einleitung in diesem Kapitel resultiert auf nur einen Halbsatz in 1 Sam 2,22b:

"dass sie mit den Frauen schliefen, die sich vor
dem Eingang des Offenbarungszeltes aufhielten."

Nachdem wir eingehend die beiden ersten Frauen Hanna und Peninna uns vor Augen geführt haben, stoßen wir hier auf anonyme Frauen. Frauen ohne Namen und Gesicht. Frauen, die nur über ihre Funktion in den Text geraten sind.

Lesen wir dazu zunächst 1 Sam 2,26:

"Der Junge Samuel aber wuchs heran und gewann
immer mehr an Gunst bei JHWH (dem Herrn) und
auch bei den Menschen."

Mit diesem Satz wird Samuel in einem krassen Gegensatz gesetzt zu den Söhnen des Priester Eli, die ebenfalls Priester, uns gleich zu Beginn des ersten Samuelbuches in 1 Sam 1,3 als Hofni und Pinhas namentlich vorgestellt wurden.

Diese Söhne Eli's werden als nichtsnutzige Menschen tituliert. Ich finde die Übersetzung der "Bibel in gerechter Sprache" hier wesentlich besser, die sie als skrupellos bezeichnet.

Bei den Verstößen, die hier von ihnen begangen werden, handelt es sich um Vergehen gegen die gängige Opferpraxis, die sowohl das Opfer der Menschen als auch das Opfer an Gott herabwürdigen.

Zu diesen Vergehen kommt nach 1 Sam 2,22 noch ein weiteres, nämlich dass sie mit den Frauen schliefen, die am Eingang des Begegnungszeltes ihren Dienst taten (Bibel in gerechter Sprache).

Wer oder was waren diese Frauen?

Zunächst stört mich hier der Begriff "Offenbarungszelt" der Einheitsübersetzung und ich den Begriff "Begegnungzelt" der Bibel in gerechter Sprache besser und passender finde. Aber in Schilo stand ein Tempel mit der Bundeslade darin. Insofern ist hier der Begriff "Begegnungzelt" anachronistisch. Schließlich stammt das Begegnungzelt aus den Schilderungen der Wüstenzeit unter Mose. Damals führte man ein tragbares Heiligtum durch die Wüste mit sich.

Im Buch Exodus, Kapitel 38, Vers 8 wird auch von Frauen gesprochen, die wie hier in 1 Sam 2,22 ihren Dienst taten. Wie dieser Dienst aussah, können wir allerdings nur bruchstückhaft ergründen.

Im Zusammenhang mit Heiligtümern hatten Frauen wohl unterschiedlich Aufgaben und Funktionen. Sie musizierten zum Beispiel und tanzten dort wie wir aus Richter 21,19-21 erfahren können.

Ri 21,19 Sie sagten also:
Da ist doch Jahr für Jahr ein Fest JHWH in Schilo
nördlich von Bet-El, östlich der Straße,
die von Bet-El nach Sichem führt, südlich von Lebona.
Ri 21,20 Und sie forderten die Benjaminiter auf:
Geht hin und legt euch in den Weinbergen dort auf die
Lauer!
Ri 21,21 Wenn ihr dann seht, wie die Töchter Schilos
herauskommen, um im Reigen zu tanzen,
dann kommt aus den Weinbergen hervor und jeder von
euch soll sich von den Töchter Schilos eine Frau rauben.
Dann geht heim ins Land Benjamin."

Eine andere Stelle erzählt davon, dass Frauen als "Geweihte" am Tempel in Jerusalem kultische Gewänder webten. Die Stelle in 2 Könige 23,6-7 lautet so:

2 Kön 23,6 Die Aschera schaffte er aus dem Haus JHWH's
und aus Jerusalem hinaus in das Kidrontal und
verbrannte sie dort; er zermalmte sie zu Staub und
streute diesen auf die Gräber des einfachen Volkes.
2 Kön 23,7 Ferner riss er die Gemächer derGeheiligten am
Tempel nieder, in denen die Frauen Schleier für die
Aschera webten."

Neben musizieren, tanzen und der Anfertigung von kultischen Gewändern hat es im Alten Orient, und damit höchstwahrscheinlich auch in Israel, Frauen gegeben, die im kultischen Zusammenhang an den Heiligtümern ihre sexuelle Freizügigkeit auslebten.

Meistens sogar gegen Bezahlung.

Solche Frauen standen jenseits gültiger sexueller Normen, die für Töchter und Ehefrauen galten.

Auch werden hier in 1 Sam 2,22 nicht diese Frauen kritisiert, sondern die Männer, speziell die Söhne Eli's, die Priestersöhne, die mit ihnen sexuell verkehrten.

Was erzählt uns dieser kleine Halbsatz über die Weiblichkeit der Samuelbücher? Frauen waren also nicht nur auf Herd und Kinderkriegen beschränkt, sondern hatten auch Aufgaben im Kult. Sie tanzten, musizierten und stellten kultische Gewänder her. Ja, zum Teil waren sie sexuell recht freizügig und boten gegen Geld ihre sexuellen Dien-ste an.

Interessanter Weise werden sie deshalb nicht von Gott verurteilt, wie es nachzulesen ist in Hosea 4,13-14:

Hos 4,13 Sie feiern Schlachtopfer auf den Höhen der Berge,
auf den Hügeln bringen sie Räucheropfer dar,
unter Terebinthen, Storaxbäumen und Eichen
- ihr Schatten ist ja so angenehm.
Darum treiben eure Töchter Unzucht
und eure Schwiegertöchter Ehebruch.
Hos 4,14 Aber ich suche eure Töchter dafür nicht heim,
dass sie Unzucht treiben,
und nicht eure Schwiegertöchter dafür,
dass sie die Ehe brechen;
denn sie selbst gehen mit den Dirnen beiseite,
mit den geweihten Frauen bringen sie Schlachtopfer dar.
So stürzt das unwissende Volk ins Verderben.

Tod und Geburt

Die Schwiegertochter Eli's, die Frau des Priesters Pinhas, ist das nächste weibliche Wesen, das in den Samuelbüchern auftaucht.

Als ihr die Nachricht überbracht wird, dass der Gottesschrein erbeutet, ihr Schwiegervater Eli und ihr Mann tot sind, beginnen bei ihr die Wehen.

Man beachte die Reihenfolge der Schreckensnachrichten. Die Nachricht mit dem meisten Schrecken ist wohl die vom Verlust der Bundeslade an die Philister.

Diese Nachricht hat schon, in Verbindung mit der Todesnachricht seiner Söhne, Eli das Leben gekostet.

Israel hat trotz Unterstützung durch den Schrein Gottes vor den Philistern die Flucht ergreifen müssen. Dabei starben die Priester Hofni und Pinhas, die Söhne Eli's, wie es durch einen Gottesmann prophezeit worden war. Eli, der im Tor (von Schilo) sitzt, dem zentralen Punkt für den Austausch von Nachrichten und für die Rechtsprechung, fällt hinterrücks vom Stuhl und bricht sich das Genick, wie es 1 Sam 4,18 plastisch schildert.

Vor dieser Schilderung über den Verlust der Bundeslade und der Flucht Israels lesen wir in 1 Sam 4,9 einen Vers, der nur ganz indirekt mit Frauen zu tun hat.

Die Situation ist folgende:

Philister und Israeliten stehen sich kriegerisch gegenüber. Zu ihrer Unterstützung haben die Israeliten den Gottesschrein ins Lager kommen lassen.

Dieses Ereignis löst Jubel bei den Israeliten und Schrecken und Furcht bei den Philistern aus.

Zur Ermutigung der Philister kommt dann dieser Vers in 1 Sam 4,9:

"Macht euch stark, werdet Männer.......
werdet Männer und kämpft......"

Krieg ist im Alten Testament Sache der Männer.

Hier werden Männlichkeit und Manneskraft miteinander in Beziehung gebracht. Damit sagt der Vers im Umkehrschluss, dass Frauen nicht an Kriegshandlungen direkt beteiligt sind.

Frauen sind im Krieg des Alten Orient Opfer unmittelbarer Gewalt wie etwa in Ri 21. Sie sind insofern betroffen, als dass sie Opfer der Gewalt gegen ihrer Männer und Söhne sind wie in Ri 5,28. Nur in Ausnahmefällen greifen Frauen selbst zur Waffe wie Jael, die Keniterin, in Ri 5 oder wie das Buch Judit eindringlich schildert. An regulären Kampfhandlungen sind aber keine Frauen beteiligt.

Die Schwiegertochter Eli's und Frau des Priesters Pinhas stirbt beim Erhalt der schrecklichen Nachricht, die sie gleich dreifach trifft. Der Verlust des Gottesschreins, der Tod des Schwiegervaters und der Tod ihres Mannes verursacht auch ihren Tod.

Vorher jedoch gebiert sie einen Sohn. Und dann heißt es:

"...es war ihr von Herzen gleichgültig...."

Sie nennt ihren Sohn auch nicht nach ihrem Mann oder Schwiegervater, sondern nach dem Ereignis, welches für sie das schmerzlichste ist, der Verlust des Gottesschreins.

Das Kind, der Junge, den sie gebiert, nennt sie "Ikabod - kein Glanz", weil der Glanz der Bundeslade Israel verlassen hat.

Die Namen von biblischen Personen haben häufig spezielle Bedeutungen. Am ausgeprägtesten ist das im Buch Rut, in dem nur der "Löser" als "der und der" bezeichnet wird und damit keinen sprechenden Namen hat.

Bei manchen Namensgebungen spielen die Zeitumstände eine wichtige Rolle, so auch hier. Ein weiteres Beispiel dafür sind die Umbenennungen der Prophetenkinder im Buch Hosea.

Das hebräische Wort "kabod" oder "kavod" heißt soviel viel "Glanz", "Schwere" oder wird auch mit "Herrlichkeit" übersetzt und weist auf die Mächtigkeit JHWH's hin.

Für die Frau des Pinhas und Schwiegertochter Eli's, die noch nicht einmal eines eigenen Namens für würdig befunden wird, bringen all die Ereignisse nur den Tod. Und da erscheint es beinahe makaber, wenn die Frauen, die Hebammen, die bei ihr standen, ihr kund tun:

"Fürchte dich nicht,.....du hast einen Sohn."

Wir haben richtig gelesen, die Hebammen standen bei dieser Frau herum. Ob sie ihr beistanden, steht hier nicht und nur verbal waren sie hier keine große Hilfe.

So stirbt hier eine namenlose Frau und hinterlässt einen Sohn, der in den folgenden Geschichten keine Rolle mehr spielen wird und damit wie seine Mutter in den Tiefen der biblischen Vergangenheit verschwindet.

Versklavung durch den König

Ganz kurz nur will ich einen Blick in das 8. Kapitel des 1. Samuelbuches werfen. Die Söhne Samuels eignen sich genauso wenig für seine Nachfolge wie schon die Söhne Eli's.

Die Stämme Israels wollten einen König. Sie wollten so sein wie alle anderen Völker um sie herum.

Der König würde einen Platz einnehmen, der vorher nicht von Menschen, sondern von Gott besetzt war. Und obwohl Samuel heftig dagegen protestiert, rät Gott ihm, auf die Stimme des Volkes zu hören.

Das tut letztendlich Samuel auch, aber nicht ohne hier im Kapitel 8 im Einzelnen die Nachteile aufzuzeigen, die mit dem Einsetzen eines Königs verbunden sind.

Vor allem soziale Ausbeutung wird hier als Kennzeichen des Königtums herausgestellt.

1 Samuel 8,13 beschreibt dies für die Töchter der Israeliten; sie werden zu Salbenmischerinnen, Köchinnen und Bäckerinnen genommen.

1 Sam 8,16 schließt dann auch wörtlich die Sklavinnen ein, die für Arbeiten des Königs verwendet werden.

Was bedeutet das?

Die Bedeutung liegt darin, dass Töchter und Sklavinnen neben dem männlichen Part von Söhnen und Sklaven nicht mehr in der Verfügungsgewalt der freien Israeliten sind, sondern von einem König für seine eigenen Zwecke in Anspruch genommen werden können.

Aus Ägypten, dem sogenannten "Sklavenhaus", hat JHWH Israel befreit und hinausgeführt in die Freiheit und nun begibt sich Ganz-Israel aus eigener Entscheidung, also freiwillig, zurück in die versklavenden Verhältnisse einer Königsherrschaft.

Besonders für die Frauen war das keine rosige Zukunft.

Die Mädchen von Rama

Nur eine kurze Notiz in 1 Samuel 9,11-12.

Saul und sein Sklave suchen entlaufene Eselinnen.

Interessant ist die Ortsangabe. Sie waren in das Gebiet von Zuf gekommen, in die Nähe einer Stadt.

Wenn man 1 Samuel 1,1 liest, kann es sich bei dieser Stadt eigentlich nur um Rama handeln. Und zwar um das Rama in dem Samuel seinen Wohnsitz hatte.

Sie beiden wollen eine Auskunft vom "Seher", nämlich wissen, wo die Eselinnen abgeblieben sind, die sie bisher nicht gefunden haben.

Und dann steht etwas im Text, was mich dann doch verblüfft hat:

Saul ist der Sohn eines Mannes namens Kisch, der wohl reich ist, wenn ihm schon mehrere Eselinnen gehören. Aber dieser Saul hat keinen Pfennig Geld in der Tasche. Auf die Frage, wie sie wohl den "Seher" bezahlen sollen, zückt der Sklave einen Viertel Schekel, also zirka 30 Gramm Silber, während sein Herr nichts bei sich hat.

Ohne Sauls Geschichte kennen zu müssen, kann ich hier sagen, dass er schon hier eine etwas unglückliche Figur macht. Vielleicht in Hinblick auf das, was noch kommt, ist dieser Eindruck sogar gewollt.

Sie gehen zur Stadt hinauf.

Mädchen kommen zum Wasserschöpfen ihnen entgegen.

Der Brunnen war also außerhalb der Stadt.

In Beersheba - ganz im Süden am Rande des Negev - kann man so eine Anordnung noch sehen. Man ging aus dem

Stadttor hinaus und traf auf den Brunnen.

Saul und sein Sklave fragen nach dem "Seher" und erfahren, dass er auf dem Wege zu einer in der Stadt gelegenen Kulthöhe ist, um dort bei einem Schlachtfest das Opfermahl zu segnen.

Neben dem kurzen Gespräch mit den zufällig aus der Stadt kommenden Mädchen - Wasserhohlen ist Frauensache - lässt sich im Folgetext nur entnehmen, dass die eigentlich Geladenen wohl keine Frauen sind.

Bann - vollkommene Vernichtung

Bevor wir hier weitermachen, sollten wir jetzt unsere rosarot christliche Brille ausziehen.

Nächstenliebe, Feindesliebe und Barmherzigkeit sind Schlagworte, die wir für den nächsten Text und dieses Kapitel schleunigst vergessen sollten.

Und auch „der liebe Gott", den Jesus ja zärtlich mit „Vater" anredet, zeigt sich hier von einer Seite, die uns Christen erschreckt.

Deshalb kennt kaum jemand diese Bibelstellen, in denen von Bann oder Vernichtung die Rede ist. Und wenn sie dann jemand liest, wird die brutale Vorstellungswelt, die sich da vor einem auftut, schnell in die Schublade geschoben: Nun ja, Altes Testament eben.

Lesen wir also einmal 1 Sam 15,2-3:

1 Sam 15,2 So spricht JHWH, gebietend über Heere:
Ich vergelte das, was Amalek Israel angetan hat,
das sich ihnen in den Weg gestellt hat,
als sie von Ägypten heraufzogen.
1 Sam 15,3 Auf! Schlage nun Amalek!
Weihe alles der Vernichtung, was ihnen gehört!
Schone sie nicht! Töte sie alle,
Mann und Frau, Säugling und Kind,
Rind und Schaf, Kamel und Esel!"

Amalek ist ein Nomadenvolk aus der Wüste. Nomaden-völker fielen immer wieder in das Kulturland ein und plünderten dort.

Auch David muss sich mit diesen plündernden Amalekitern herumschlagen. Wir kommen noch dazu, uns dieses im Kap. 30 des 1. Samuelbuches anzusehen.

Schon während der Wüstenzeit hat das Volk Amalek Israel immer wieder überfallen und bekämpft. Diese Ereignisse während der Wüstenwanderung stehen hier im Hintergrund des Vernichtungsbefehls. Allerdings wirkt dieser eine lange Zeit zurückliegende Kriegsgrund an dieser Stelle ziemlich eigenartig.

Genauso gut könnte man fragen: Wenn Saul die Amalekiter hier komplett vernichtet, wieso tauchen sie dann am Ende des 1. Samuelbuches als Gegner Davids wieder auf?

Sei es wie es sei.

Vers 3 legt klar: Nichts Lebendiges soll verschont werden. Hinter dieser Vernichtung steht die im Alten Testament in unterschiedlichster Ausprägung vertretene Vorstellung vom „Bann".

Diese Vorstellung besagt, dass alle Kriegsbeute in dem jeweiligen Krieg dem „Heiligen" vorbehalten ist und deshalb vernichtet werden muss.

Dass der Bann unterschiedlich ausgeführt wurde, belegen etliche Texte im Alten Testament. Mal wurden alle getötet, mal nur die männlichen Gegner, mal alle Menschen und das Vieh wurde verschont.

Auch in Bezug auf „Frau" hat der Bann die ein oder andere Besonderheit in den Texten vorzuweisen. So heißt es in Num 31,7:

Sie zogen gegen Midian zu Feld, wie JHWH es Mose geboten hatte, und brachten alles Männliche um.

Und weiter in Vers 9a:

Die Frauen von Midian und deren kleine Kinder nahmen die Israeliten als Gefangene mit.

Mose mit den Anführern geht der Truppe entgegen und Mose fragt: Warum die Heerführer die Frauen am Leben ließen? Mose wartet aber keine Antwort ab, sondern gibt in Vers 17 sofort den Befehl:

Nun bringt alle kleinen Knaben um und tötet ebenso alle Frauen, die schon mit einem Mann geschlafen haben!

Die Überlebenden sind hier also alle Mädchen, die noch nicht mit einem Mann geschlafen haben, die durften als „Beute" am Leben bleiben.

Das Schicksal einer solchen Frau oder eines solchen Mädchens wird uns deutlich in Dtn 21,10-14 vor Augen geführt:

Dtn 21,10 Wenn du zum Kampf gegen deine Feinde ausziehst und JHWH, dein Gott, sie alle in deine Gewalt gibt, wenn du dabei Gefangene machst
Dtn 21,11 und unter den Gefangenen eine Frau von schöner Gestalt erblickst,
wenn du sie in dein Herz geschlossen hast

und du sie heiraten möchtest,
Dtn 21,12 dann sollst du sie in dein Haus bringen und sie
soll sich den Kopf scheren, ihre Nägel kürzen
Dtn 21,13 und die Gefangenenkleidung ablegen.
Sie soll in
deinem Haus wohnen und einen Monat ihren Vater und
ihre Mutter beweinen.
Danach darfst du mit ihr Verkehr haben,
du darfst ihr Mann werden und sie deine Frau.
Dtn 21,14 Wenn sie dir aber nicht mehr gefällt,
darfst du sie entlassen und sie darf tun, was sie will.
Auf keinen Fall darfst du sie für Silber verkaufen.
Auch darfst du sie nicht als Sklavin kennzeichnen.
Denn du hast sie dir gefügig gemacht.

Was für ein Schicksal für Frauen, die vom Bann ausgenommen waren.

Hier öffnet sich dem Leser die komplette patriarchalisch geprägte Welt des Alten Orient, wo Frauen in den Besitz der Männer gehörten. Ich will an dieser Stelle kein Urteil über diese Männerwelt fällen, aber rein vom Mitmenschlichen her ist das schon ein Hammer.

Als i-Tüpfelchen wollen wir uns noch 1 Sam 15,33 ansehen.

Saul hat bei der Vernichtung der Amalekiter deren König Agag entgegen dem Befehl JHWHs verschont. Dieser Agag wird hier vor Samuel gebracht und glaubt sich gerettet vom Tod, was er in dem Ausruf ausdrückt:

„*... gewichen ist die Bitterkeit des Todes ...*"

Doch Samuel schlägt Agag in Stücke vor JHWH in Gilgal mit dem Ausruf:

„Wie dein Schwert Frauen kinderlos gemacht hat, soll deine Mutter unter den Frauen kinderlos sein. "

Und wieder sind Frauen die Leidtragenden.

Göttinnen

Dieser Übergang jetzt zeigt die ganze Bandbreite der Weiblichkeit im alten Israel. Eben noch waren wir bei Frauen, die noch so eben dem Bann und damit dem Tod entkommen waren, um jetzt von diesen „Entrechteten" in den Götterhimmel aufzusteigen.

Im 1. Samuelbuch ist dreimal in unterschiedlichen Zusammenhängen von Astarte die Rede. Und damit befinden wir uns im kanaanäischen Götterhimmel.

Die Beziehungen Israels zu gerade den weiblichen Gottheiten möchte ich mir bis zum Schluss aufheben. Im letzten Kapitel „Lasst UNS Menschen machen" habe ich anhand des 1. Schöpfungsgedichtes im Einzelnen aufgeschrieben, was für einen Einfluss Göttinnen in Israel vermutlich hatten.

Also Geduld bis dahin, bitte.

Nicht desto trotz möchte ich hier kurz auf die drei Stellen in den Samuelbüchern eingehen, die speziell sich Astarte widmen.

Ab 1 Sam 7,3 wird ein neues (eigentlich immer wiederkehrendes) Problem in die Samuelbücher aufgenommen. Israel und Juda haben (wieder einmal) die ausschließliche Bindung an ihren Gott JHWH verlassen und sich kanaanäischen Gottheiten - hier Baal und Astarte zugewandt.

Und hier stoßen wir auf die Deuteronomisten.

Im ganzen sogenannten deuteronomistischen Geschichtswerk, zu dem auch die Samuelbücher gehören, wird die Alleinverehrung JHWHs gefordert.

Alleinverehrung JHWHs bedeutet jetzt allerdings nicht Monotheismus, sondern besagt hier nur, dass Israel neben den bekannten kanaanäischen Gottheiten, deren Existenz nicht angetastet wurde, ausschließlich JHWH verehren sollte.

Hier in 1 Sam 7,2 haben wir es mit einer typischen Situation aus der Richterzeit zu tun. Die Israeliten haben sich von JHWH abgewandt und andere Gottheiten verehrt. Schon straft sie Gott durch ihren Erzfeind, die Philister. Das führt dazu, dass Israel sich weinend und klagend an JHWH wendet und Samuel hier in seiner Funktion als Richter tätig wird:

„...schafft die fremden Götter mitsamt den Astarten aus eurer Mitte...."

Dieses Entfernen bezieht sich auf die Kultgegenstände, die diese Baale und Astarte, die Himmelskönigin, repräsentieren. Weiter geht es im Schema der Richterzeit. Israel kehrt mit seiner Verehrung zu JHWH zurück:

... sie gossen Wasser für den Herrn aus,
... sie fasteten,
... sie lassen Samuel zu JHWH beten und schreien,
... sie lassen Samuel ein Lamm als Brandopfer
    darbringen.

Und dann ist es JHWH, der die Philister besiegt, die Israeliten verfolgen nur noch die schon Geschlagenen, die auf der Flucht vor JHWH waren.

Also ein typisches Szenario aus der Richterzeit.

Diese ganze Szene macht auch deutlich, dass die nachfolgend beschriebene Einrichtung einer Monarchie in Israel nicht als zwingend notwendig erachtet wird.

Auch in der Rede Samuels in Kapital 12 des 1. Samuelbuches ist gesagt, dass Israel wieder einmal JHWH, seinen Gott, vergaß und den Baalen und Astarten diente. Über diesen Rückgriff aus der Frühzeit Israels wird ein Bogen geschlagen zum Ende des 1. Samuelbuches.

Saul, der erste König Israels ist tot.

Er wurde, wie auch seine Söhne, von den Philistern, den ewigen Feinden Israels, erschlagen.

Am Ende von 1 Sam 31 lesen wir dann, dass, während die Philister den Leichnam Sauls in Bet-Schean zur Schau stellten, Waffen und Rüstung Sauls jedoch in einen Astarte-Tempel gebracht wurden, als Motivgabe an die kriegerische Göttin.

Die Familie Sauls

Im 9. Kapitel des 1. Samuelbuches beginnt die Geschichte Sauls und damit die Geschichte des 1. Königs Israels und somit ein Wendepunkt, der aber mit der Verwerfung Sauls durch JHWH in Kap. 15 schnell wieder vorbei ist. Und fast schon am Endpunkt von Sauls Königtum (1 Sam 14,49) erfährt der Leser erst etwas von seiner Familie.

Aber dies ist nicht viel.

Interessant ist, dass vor der Nennung von Sauls Frau Ahinoam, Tochter des Ahimaaz, seine Söhne und Töchter aufgezählt werden, Merab die Ältere und Michal die Jüngere.

Von seiner Nebenfrau Rizpa, die ich in einem anderen Zusammenhang vorstellen werde, erfahren wir hier nichts.

Mit dieser Aufzählung der Frauen Sauls aus 1 Sam 14 verlasse ich die chronologische Aufzählung der Weiblichkeit der Samuelbücher, weil die Personen, die jetzt besprochen werden müssen, immer wieder an den unterschiedlichsten Stellen eine Rolle spielen.

Zum Beispiel: Merab, die älteste Tochter Sauls.

Ob in 1 Sam 17,25 Merab oder Michal gemeint ist, bei dem Gerücht, Saul, der König würde demjenigen seine Tochter geben, der diesen Philister Goliath erschlägt, ist nicht ersichtlich.

Nachdem Goliath von David erschlagen wurde - übrigens halte ich das für eine sekundäre Geschichte, die einfach auf David projiziert wurde, um ihm von Anfang an einen gewissen Glanz zu verleihen.

Zu der Geschichte von David und Goliath deshalb nur so eine kleine Notiz am Rande:

In 2 Sam 21,15-22 werden die Helden Davids aufgezählt. Da heißt es dann so ganz unscheinbar nebenher in Vers 19:

Und wieder einmal herrschte Krieg bei Gob mit den Philistern. Da erschlug Elhanan ben-Jaare-Oregin aus Betlehem den Goliath aus Gat, und der Schaft seines Speers war wie ein Weberbaum.

Vielleicht lesen wir hier die wahre Goliathgeschichte. Wer weiß!

David jedenfalls zieht für seinen König in den Krieg gegen die Philister und siegt und siegt.

Und die Bibel erzählt (wie auch vorher schon in Ex 15,20f und in Ri 5), dass Frauen Siegeslieder singen. Das scheint also eine alte Tradition zu sein und die enge Verbindung von Frauen und Musik in der bildenden Kunst des Alten Orient ist an vielen Stellen belegt.

Das Siegeslied, das die Frauen hier David zu Ehren singen, führt aber zum Konflikt, zu einem Konflikt zwischen David und Saul. Denn da singen und tanzen die Frauen Saul, ihrem König entgegen, haben Spaß und brüskieren Saul, indem sie singen:

„Saul hat seine Tausende erschlagen, David seine Zehntausende."

Nichtsdestotrotz bietet Saul seinem „Noch"-Liebling David seine älteste Tochter Merab zur Frau an.

Doch als es dann ernst werden soll, verheiratet Saul Merab mit einem völlig unbekannten Adriël aus Mehola.

Merab heißt im Hebräischen soviel wie: zahlreich sein oder zahlreich werden.

Genau in dem Vers, in dem ihr Vater sie mit Adriël aus Mehola verheiratet, verschwindet sie von der biblischen Bühne.

Nein, nicht ganz.

Im 2. Samuelbuch werden sie und ihre Schwester Michal verwechselt.

Ein Fehler?

Ein bedauerlicher Irrtum?

Oder ein Versehen?

Oder ganz bewusst mit einem uns nicht erkannten Hintergrund?

Auch das bleibt in den Seiten des Alten Testaments verborgen. Wir werden bei der Geschichte ihrer Schwester Michal noch einmal darauf zurückkommen.

Ahinoam
Eine Frau Sauls, eine Frau Davids oder ein und dieselbe?

Ahinoam, Tochter des Ahimaaz, Ehefrau von König Saul, wird in den Samuelbüchern nur einmal erwähnt, nämlich in 1 Sam 14,50 im Zusammenhang mit der Aufzählung der Familie Sauls.

David heiratete Michal, die jüngste Tochter Sauls, deren gesamte Geschichte ich in dem großen Kapitel „Die Frauen Davids" eine eigene Erzählung gewidmet habe.

Ebenfalls eine eigene Geschichte ist die Erzählung wie Abigajil, die Frau Nabals, Ehefrau Davids wurde. Die Samuelbücher haben dieser Geschichte ein eigenes Kapitel 25 gewidmet.

Am Ende dieses Kapitels in 1 Sam 25,43 heißt es:

„ ...auch Ahinoam aus Jesreel heiratete David. "

Mir fiel zunächst die Namensgleichheit auf: hier Ahinoam aus Jesreel, dort Ahinoam, die Tochter Ahimaaz.

Zweimal derselbe Name in einem Buch des Alten Testaments und dann auch nur 11 Kapitel auseinander. Ein Name, der im Hebräischen ungefähr bedeutet: „mein Bruder ist Wonne/Huld", und der sonst nirgendwo im Alten Testament mehr erscheint.

Und mir kam ein etwas revolutionärer Gedanke:

Bis zu seinem Tod verfolgt Saul den David.

Angeblich, weil der, der im Geheimen schon zum König gesalbt wurde, ihm, Saul, und seinem Haus, seiner Familie, das Wasser abgräbt, nämlich die Königsdynastie über Israel.

Angeblich, weil David von JHWH begünstigt wird auf allen Ebenen, während JHWH Saul verworfen hat.

Das alles mag ja Grund für Wut, Zorn, Neid und Missgunst sein, aber auch für diese permanente Art der Verfolgung und Bedrohung mit dem Tod?

Auf der anderen Seite haben wir einen David, der, so sagen uns die Geschichten zu seinem Aufstieg zum König von Israel, sich nimmt, was er will und nicht lange fragt.

Könnte es also nicht sein, dass David - so ganz nebenbei - bei seinen musik-therapeutischen Sitzungen im Hause Saul, eben jenem Saul die Frau ausspannte? Dass Sauls maßlose Wut und seine Todesdrohungen auch etwas von einem gehörnten Ehemann in sich tragen? Dass also Ahinoam, die Tochter Ahimaaz, und Ahinoam aus Jesreel vielleicht ein und dieselbe Person sind?

Ich fand eine wahrhaft reißerische Spekulation, für die es zunächst keinerlei andere Anhaltspunkte gab, als mein Gefühl, bei dem Verfolgungswahn Sauls könnte es noch einen versteckten, anderen Grund gegeben haben.

Und dass die biblischen Autoren davon nichts erwähnen, ist kein Argument dafür, dass es nicht doch so sein könnte. Um das Bild des „Strahlemann" David nicht noch mehr in den Geruch eines Bösewichts zu bringen, der seinem gesalbten König die Frau ausspannte, was weitaus schlimmer zu beurteilen ist als die Geschichte mit Batseba, die „nur" einem Hetiter das Leben kostete.

Und genau nach der Geschichte mit Batseba in 2 Sam 12 finde ich dann plötzlich einen Vers für die Unterstützung meiner These.

Der Prophet Natan wirft David eine schwere Sünde vor, weil er seinen Getreuen Urija, dessen Frau Batseba er sich einfach genommen und geschwängert hat, in den Tod geschickt hat. JHWH lässt durch Natan David drohen und ihm wörtlich in 2 Sam 12,7-8 sagen:

„ ...so spricht der Heilige, die Gottheit Israels:
Ich habe dich zum König über Israel gesalbt.
Ich habe dich aus Sauls Hand befreit.
Ich habe dir das Haus deines Herrn (Sauls) gegeben,
die Frauen *(Michal und Ahinoam?) deines Herrn (Sauls)*
habe ich dir in deinen Schoß gelegt;
das Haus Israel und das Haus Juda
habe ich dir gegeben ... "

Die Namen in Klammern habe ich dazugestellt.

Bei den Frauen fällt auf, dass eine Mehrzahl hier nur Sinn macht, wenn David außer Michal noch mindestens eine andere Frau aus dem Haus Saul sich angeeignet hatte.

Für mich spricht das dafür, dass das Schlitzohr David, Saul die Ehefrau wegnahm und auch oder vor allem deshalb von Saul so heftig und erbarmungslos verfolgt und gejagt wurde. Die Kränkung und Rache eines Ehemannes aus dessen „Besitz" David die Frau entführte.

Eine weitere Stelle, die meine These bestätigen könnte fand ich beim Recherchieren im 1. Samuelbuch 20,30:

1 Sam 20,30 Da wurde Saul zornig über Jonatan und sagte:
Du Sohn eines entarteten und aufsässigen Weibes!
Ich weiß sehr gut,
dass du dich zu deiner eigenen Schande
und zur Schande des Schoßes deiner Mutter
für den Sohn Isais entschieden hast.
1 Sam 20,31 Doch solange der Sohn Isais auf Erden lebt,
wirst weder du noch dein Königtum Bestand haben.
Schick also sofort jemand hin, und lass ihn holen;
denn er ist ein Kind des Todes.

Hintergrund dieser Stelle ist ein Festmahl im Kreise Sauls bei dem David fehlt, weil er befürchtet, dass Saul es auf sein Leben abgesehen hat.

Und sein Freund Jonatan, mit dem er in Liebe verbunden ist, was immer das auch heißt, entschuldigt sein Fehlen mit einem Familienfest in Betlehem. Aber interessant ist hier die Titulierung der Mutter Jonatans als entartet und aufsässig.

Der Hinweis auf den Bestand des Königtums Sauls bei seiner Nachkommenschaft, also Jonatans, spricht für Ahinoam als Mutter Jonatans und Frau Sauls. Und wenn Saul so von seiner Frau spricht, muss irgendetwas vorgefallen sein, dass Ahinoam bei ihm in diesem schlechten Licht rückt.

Mit Hinblick auf den anderen Text, spricht meiner Meinung also alles dafür, dass Ahinoam, die Tochter Ahimaaz, und Ahinoam aus Jesreel ein und dieselbe Person waren.

Und warum sollte der „schöne" David nicht auch auf ältere Frauen stehen, vorausgesetzt er und Jonatan waren im gleichen Alter und Ahinoam war Jonatans Mutter.

Die Frauen Davids
Michal

Von Salomo heißt es in 1 Kön 11,3:

„Er hatte 700 Ehefrauen und 300 Nebenfrauen
und seine Frauen bestimmten sein Herz. "

Von einiger Übertreibung hier einmal abgesehen, gibt es zu diesen rund 1000 Frauen keine Namen und keine eigenen Geschichten.

Bei David ist das anders.

Polygamie war, wie ich bereits eingangs erwähnte im alten Israel die gängige Eheform. Allerdings spielen bei den Eheschließungen Davids nicht so sehr persönlich emotionale, sondern eher strategisch politische Überlegungen eine Rolle.

Bevor wir uns jedoch die Geschichten der „Frauen Davids" näher ansehen, ein paar generelle Anmerkungen zu diesem David selbst.

David hat in den beiden Samuelbüchern und im 1. Buch der Könige sehr viele ambivalente Gesichter:

 David als Musiktherapeut,
 als großer Kriegsheld (Kampf mit Goliath)
 als erpresserischer Guerillakämpfer
 als Ehebrecher (Batseba)
 als großer König
 als Psalmendichter
 als Mörder eines seiner Soldaten.

Während die biblischen Bücher entlang der Bibliographie großer Männer strukturiert sind, ist die Darstellung von Frauengestalten eher bruchstückhaft.

An ihren Biographien besteht kein Interesse, wohl aber an ihrer Funktionen und Rollen als Mütter, als Ehefrauen, als Töchter oder als weise oder prophetisch wirkende Frauen.

Besonders jene Gestalten, die im europäischen Raum in eine gewisse Schablone gedrängt worden sind (z.B. in der Kunst oder der Literatur), sollten wir neu wahrnehmen.

Das gilt etwa für Batseba, die durch die Kunstgeschichte in die Rolle einer Verführerin gedrängt wurde, eine Rolle, die, wie wir sehen werden, durch die Lektüre des Textes nicht bestätigt werden kann.

Auch das Bild Davids ist in der Wirkungsgeschichte häufig einseitig.

Es gilt heute – wie eigentlich immer – durch die Beschäftigung, Lektüre und Auslegung der biblischen Texte die unterschiedlichsten Perspektiven nicht aus den Augen zu verlieren.

Was wissen wir über Aussehen und Charakter König Davids?

Wie Saul zeichnet sich David durch Schönheit aus.

In 1 Sam 16,12 heißt es:

„So schickte er jemanden und ließ ihn (David)
kommen.
Er war rötlich mit schönen Augen und sah gut aus."

Dass Gott nicht auf das Aussehen achtet, steht hier in Spannung zu Vers 7, in dem Gott über Saul sagt:

„Schau nicht darauf, wie er aussieht, und nicht,
ob er hoch gewachsen ist.
Ich habe ihn verworfen:
Es ist nicht, wie es der Mensch sieht.
Denn der Mensch sieht nur auf das Augenfällige,
der Heilige aber sieht auf das Herz.“

Das Herz des Menschen ist im hebräischen der Sitz des Wollens, des Verstandes und der ethischen Urteilsfähigkeit.

Davids Schönheit wird damit zusammengebracht, dass sich seine Haar- oder Hautfarbe wie bei Esau von der ortsüblichen unterscheidet.

Er ist rothäutig oder rothaarig, keinesfalls aber blond.

Die Schönheit der Augen weist auf die Ausstrahlung Davids hin.

Ein weiterer Hinweis auf diese besondere Schönheit und Ausstrahlung Davids ergibt sich aus 1 Sam 16,18.

Als Saul einen Musiktherapeuten sucht, um Anfälle einer zerstörerischen Geisteskraft mit Musik zu therapieren, sagt einer seiner Bediensteten mit dem Hinweis auf David:

„Sieh!
Ich habe einen Sohn Isais aus Bethlehem gesehen,
der kann spielen, ein tapferer Soldat, ein Kriegsmann,
klug mit Worten, ein schöner Mann,
und der Heilige ist mit ihm.“

Und 3 Verse weiter werden wir ein Phänomen lesen, dass uns an anderer Stelle noch beschäftigen wird.

In 1 Sam 16,21 hießt es nämlich:

„David kam bei Saul an,
er stand vor ihm und Saul liebte ihn sehr
und er wurde sein Waffenträger."

Am Anfang der Beziehung zwischen Saul und David heißt es also, dass Saul David liebte.

Bestimmt trugen Davids Schönheit und Ausstrahlung dazu bei, denn er hatte da ja noch nichts gemacht.

Ein anderer Charakterzug Davids taucht aber am Rande der Goliathgeschichte auf.

Als David sich erkundigt beim israelitischen Heer, was der König Saul für den Mann tun will, der diesen Goliath erschlägt, wird sein großer Bruder Eliab zornig und fragt ihn (1 Sam 17,28):

„Warum bist du eigentlich hergekommen?
Und bei wem hast du die paar Schafe in der Wüste
gelassen?
Ich weiß vom Übermut und der Eitelkeit im Grunde
deines Herzens."

Also war David nicht nur „schön" und hatte eine gewisse Ausstrahlung, sondern er war auch eitel und übermütig. Noch einmal wird die Schönheit Davids betont, als er Goliath gegenüber tritt (1 Sam 17,42):

„Da blickte der Philister nach vorne und sah David,
und er schätzte ihn gering,
denn er war ein junger Mann, rötlich,
eine schöne Gestalt. "

Aber David war nicht nur schön. Er hatte nicht nur eine besondere Ausstrahlung. Saul, der David verfolgt, warnt in 1 Sam 23,22 die Bewohner von Sif vor David:

„ Geht und bereitet vor,
erkundet und seht euch dort um, wo er geht und steht,
wer immer ihn dort gesehen hat.
Denn man hat mir gesagt,
dass er ausgesprochen schlau ist. "

Bevor wir jetzt zu den Frauen David übergehen, noch ein wichtiges Kapitel ganz allgemein zu David.

Während in der Einheitsübersetzung es für 1 Sam 18 zwei Überschriften gibt, nämlich:

„Jonathans Freundschaft mit David" (Verse 1 bis 9)
und
„Sauls Feindschaft gegen David" (Verse 10-30)
ist dieses Kapitel viel treffender in der Bibel „Stuttgarter Altes Testament" insgesamt mit der Überschrift:
„David wird von allen geliebt"
überschrieben.

Das ganze Kapitel zeigt nämlich, wie die unterschiedlichen Bereiche auf David reagieren.

David wird zum Geliebten aller. Und das ist nicht ver-
wunderlich, weil dieses Potential durch seinen Namen schon
angedeutet ist:

דוד

דָּוִד

Dawid =David

דוד

דּוֹד

dod = Geliebter

Nur die Konsonanten unterscheiden nicht zwischen
„David" und „Geliebter". Erst die Vokale und der Text-
zusammenhang lassen erkennen, ob hier das Wort „David"
oder das Wort „Geliebter" gemeint ist.

Das Motiv, dass alle David lieben, war schon in 1 Sam
16,21 angefangen, da ist es Saul, von dem gesagt wird, er
liebte David.

Sauls Sohn Jonathan ist in diesem Kapitel 18 der erste
von dem gesagt wird, er liebt David (1 Sam 18,1), darauf
folgen die Frauen, die Davids Siege vor jenen von Saul
hervorheben (1 Sam 18, 6f), bis hin zu der Steigerung, dass
ganz Israel und Juda David lieben (1 Sam 18,16) und
schließlich auch Sauls Tochter Michal (wohl die weibliche
Kurzform von Michael „wer ist wie Gott") (1 Sam 18,
20.28).

Bemerkenswert ist in diesem Zusammenhang, dass die Saulstochter Michal die einzige Frau in der Hebräischen Bibel ist – außer dem weiblichen „*Ich*" im Lied der Lieder besser bekannt als das Hohelied – von der gesagt wird, dass sie ihren Mann liebt.

Liebe spielt für Eheschließungen im Alten Israel nicht die zentrale Rolle:

Ökonomische und politische Interessen sind von Bedeutung, wenn zwei Familien in so enge Beziehung treten. Der Vater, aus dessen Verfügungsgewalt (Besitz) die Tochter in diejenige des Ehemanns übergeht, erhält als Ausgleich für die fehlende Arbeitskraft der Tochter einen Brautpreis.

Im Falle Davids ist Michal aber auch die Erste einer Reihe von Frauen, die seine politischen Ziele verkörpern.

Damit haben wir den Übergang zu den Frauen Davids vollzogen.

Und da kommt zunächst diese Michal ins Spiel.

Schauen wir uns ihre Geschichte im Zusammenhang an: Auszug aus 1 Sam 18,20-28:

1 Sam 18,20 Aber Sauls Tochter Michal liebte David.
Das wurde Saul erzählt, und dem war es recht.
1 Sam 18,21 Saul sagte:
„Ich will sie ihm geben, sie soll für ihn eine Falle werden,
und die Hand der Philister soll sich gegen ihn richten."
.....
1 Sam 18,25 Da sagte Saul:
„So sollt ihr mit David reden:
„Keinen Wunsch hat der König als Brautpreis als nur die

Vorhäute von 100 Philistern, um den König bei seinen Feinden zu rächen."
Saul hatte sich das ausgedacht, um David durch die Hand der Philister zu Fall zu bringen.
1 Sam 18,26 Seine Leute sagten David diese Worte.
David war es recht, Schwiegersohn des Königs zu werden, und noch war Zeit.
1 Sam 18,27 David brach auf und ging, er mit seinen Männern, und erschlug bei den Philistern 200 Männer.
Dann brachte David die Vorhäute und übergab sie vollzählig dem König, um Schwiegersohn des Königs zu werden.
Da verheiratete Saul seine Tochter Michal mit ihm.
1 Sam 18,28 Saul sah und wusste jetzt, dass der Heilige mit David war.
Michal, die Tochter Sauls, liebte ihn.

Die Eheschließung mit Michal bedeutet Verbindung zum Haus Saul und Kontinuität mit dem alten König. Die Wortwahl macht das deutlich.

Während Michal „David liebt" (Verse 20 und 28), geht es in den Verhandlungen um diese Ehe darum, der „Schwiegersohn" des Königs zu werden (Verse 21.26.27) und „Sauls Tochter zur Frau" zu bekommen.

Die mögliche Heirat verknüpft Saul aber mit der Bedingung eines weiteren militärischen Sieges in der Hoffnung, dass David im Kampf fällt.

Das Gegenteil tritt aber ein:

Statt 100 erschlägt David 200 Philister.

Die Vorhäute sind Hinweis und Erinnerung an deren

nicht-israelitische Identität, da männliche Israeliten als Bundeszeichen beschnitten waren.

Die Verbindung Davids zum Haus Saul ist gegenüber dem späteren Nordreich von Bedeutung, da David aus dem Süden, aus Betlehem kommt.

Durch die Ehe mit Michal wird Davids Anspruch auf die Königswürde des Hauses Israel signalisiert.

Wie geht es mit Michal weiter:

Lesen wir dazu 1 Sam 19,9-17:

1 Sam 19,9 Die zerstörerische Geistkraft des Heiligen durchdrang aber Saul, als er in seinem Haus saß, den Speer in der Hand,
während David auf der Leier spielte mit der Hand.
1 Sam 19,10 Da wollte Saul mit dem Speer durch David hindurch in die Wand stoßen.
Der wich Saul aus, und er stieß den Speer in die Wand.
David floh und rettete sich in jener Nacht
1 Sam 19,11 Saul schickte Boten zu Davids Haus, um ihn zu bewachen und am Morgen zu töten.
Dem David teilte seine Frau Michal mit:
„Wenn du nicht heute Nacht dein Leben rettest,
wirst du morgen umgebracht."
1 Sam 19,12 Michal ließ David durchs Fenster hinunter.
Er ging, floh und rettete sich so.
1 Sam 19,13 Michal nahm den Terafim, legte ihn aufs Bett, das Ziegenhaargeflecht ans Kopfende, und deckte ihn mit einer Decke zu.
1 Sam 19,14 Saul schickte Botinnen und Boten, die sollten David festnehmen.

Sie aber sagte: „Er ist krank."
1 Sam 19,15 Da schickte Saul die Botinnen und Boten, sie
sollten David ansehen:
„Bringt ihn mitsamt seinem Bett zu mir, um ihn zu töten."
1 Sam 19,16 Die Boten kamen, und sieh da:
Der Terafim im
Bett und das Ziegenhaargeflecht an seinem Kopfende.
1 Sam 19,17 Saul sagte zu Michal:
„Warum hast du mich so verraten und meinen Feind
weggelassen, so dass er sich retten konnte?"
Michal sagte zu Saul:
„Er hat zu mir gesagt:
„Lass mich weg, sonst bringe ich dich um!"

Als Saul David wieder einmal nach dem Leben trachtet, warnt Michal David und überlistet ihren Vater zunächst mit einer Statue als Attrappe für David, ein Betrug, der allerdings nicht lange anhält.

Ihrem Vater gegenüber stellt sie ihre Hilfe als Ergebnis einer Bedrohung durch David dar.

Bei einem Terafim handelte es sich vermutlich um eine Schutz- und Hausgottheit, die in der Familie verehrt wurde. Eine mit dieser verwandte Erzählung finden wir in Gen 31, wo Rebekka die Terafim ihres Vaters Laban stiehlt. Auch dort spielen Terafim eine Rolle, wo gezeigt wird, wie eine Tochter ihren Vater überlistet.

Michal steht zwischen ihrem Vater Saul und ihrem Mann David. Die Erzählung drückt das dadurch aus, dass Michal als Tochter Sauls bezeichnet wird, wo dieser Status von Bedeutung ist, und als Davids Frau, wo sie ihrem Mann hilft.

Die nächste Erwähnung Michals in den Samuelbüchern erfolgt erst mehrere Kapitel später und zwar in 1 Sam 25,44, und dieser Vers erstaunt jetzt etwas.

„Saul aber hatte seine Tochter Michal,
die Frau Davids,
dem Palti ben-Lajisch aus Gallim zur Frau gegeben. "

Zwischendurch ist von Michal nicht mehr die Rede.

Auch als David zum König in Hebron über Juda, dem Südreich, gesalbt wurde, und sich von seiner Fluchtburg Ziklag nach Hebron begibt, tauchen in der Gefolgschaft David seine beiden Frauen **Abigajil** (könnte im Hebräischen heißen „mein Vater ist Jubel") und **Ahinoam** (könnte im Hebräischen heißen „mein Bruder ist Wonne") auf.

Von beiden Frauen war (Ahinoam) oder wird (Abigajil) später noch die Rede sein.

Michal fehlt an dieser Stelle aber komplett.

Nach dem Tod von Saul und dessen Sohn Jonathan wird im Nordreich Isch-Baal zum Nachfolger als König gewählt.

Der hebräische Text nennt Isch-Baal (Mann des Baals) nicht bei seinem wahrscheinlich richtigen Namen, sondern spricht von Isch-Boschet (Mann der Schande). Dieser Spottname richtet sich sowohl gegen den Namensträger als auch gegen den in diesem Namen repräsentierten kanaanäischen Gott „Baal".

Der Feldherr Abner war Sauls Feldherr und ist auch der Feldherr seines Sohnes Isch-Baal.

Zwischen Isch-Baal und Abner kommt es zum Streit, der

auch unmittelbare Folgen für Sauls Tochter Michal haben sollte.

Und in dem Streit geht es um eine Frau.

Lesen wir dazu 2 Sam 3,6-16:

2 Sam 3,6 Solange der Krieg zwischen dem Haus Sauls und dem Haus Davids andauerte, hielt Abner fest zum Haus Sauls.

2 Sam 3,7 Nun hatte Saul eine Nebenfrau mit Namen Rizpa, eine Tochter Ajas, gehabt.

Und Isch-Baal sagte zu Abner:

„Warum hast du mit der Nebenfrau meines Vaters verkehrt?"

2 Sam 3,8 Da geriet Abner in starken Zorn über seine Worte und sagte:

„Bin ich denn ein Hundskopf aus Juda?

Bis heute stehe ich unverbrüchlich zum Haus deines Vaters Saul, zu seinen Verwandten und seinem Anhang, und habe dich nicht in die Hand Davids geraten lassen. Und da hältst du mir heute ein Vergehen an dieser Frau vor!

2 Sam 3,9 Gott soll Abner dies antun und noch mehr: Das was der Heilige David geschworen hat, das führe ich für ihn aus,

2 Sam 3,10 nämlich das Königtum vom Haus Sauls auf ihn übergehen zu lassen und den Thron Davids über Israel und über Juda aufzurichten, von Dan bis Beerscheba."

2 Sam 3,11 Und er konnte dem Abner kein Wort erwidern aus Furcht vor ihm.

2 Sam 3,12 Dann schickte Abner eine Botschaft zu David in

seinem eigenen Namen mit den Worten:
„Wem gehört das Land?"
Und:
„Schließ doch ein Bündnis mit mir,
so hast du meine Unterstützung, ganz Israel auf deine
Seite zu bringen!"
2 Sam 3,13 *Der sagte:*
„Gut, ich schließe ein Bündnis mit dir.
Aber eines verlang ich von dir:
Du sollst mir nicht unter die Augen treten, bevor du mir
Michal, die Tochter Sauls, bringst.
Wenn du dann kommst, kannst du mir unter die Augen
treten."
2 Sam 3,14 *Dann schickte David Boten an Isch-Baal, den*
Sohn Sauls, mit den Worten:
„Gib mir meine Frau Michal,
die ich mir um 100 Philistervorhäute erworben habe!"
2 Sam 3,15 *Da schickte Isch-Baal hin und ließ sie ihrem*
Mann wegnehmen, dem Paltiel ben-Lajisch.
2 Sam 3,16 *Und ihr Mann ging mit ihr,*
ging immerzu weinend hinter ihr her, bis Bahurim.
Dann sagte Abner zu ihm:
„Auf, kehr um!"
Und er kehrte um.

Beide Episoden, jene um Rizpa (könnte im Hebräischen heißen „Glühstein, Glühkohle oder Steinpflaster" und werde ich noch extra ansprechen) und jene um Michal, lassen sich nicht verstehen, wenn man die sexuellen Beziehungen zwischen Männern und Frauen, wie sie in diesen Texten dargestellt werden, nur als Privatangelegenheit betrachtet.

Hier geht es auch um Politik und um Machtansprüche.

Aber nicht nur.

Isch-Baal, der Sohn Sauls und regierende König Israels, fasst Abners geschlechtliche Beziehung mit Rizpa, einer Nebenfrau Sauls, als Angriff auf seine Königswürde auf.

Später werden wir sehen, dass auch hinter den Heiratsabsichten Adonijas, Davids zweitältesten Sohn, mit Davids letzter Ehefrau Abischag aus Schunem durchaus dieselben Absichten vermutet werden können. Nämlich Adonijas Angriff auf den Königsthron Salomos.

Isch-Baals Interpretation der Beziehung ist also rein machtpolitisch.

Abner weist diesen Vorwurf wütend zurück; er sieht die Beziehung höchstens als privates Vergehen, aber nicht als Angriff auf das Königtum.

Abner fühlt sich in seiner Loyalität so getroffen, dass er sich tatsächlich von Isch-Baal zurückzieht und sich auf Davids Seite stellt.

Und Abner soll seine neue Loyalität zu David unter Beweis stellen, indem er ihm Michal zurückbringt.

Michals Stellung zwischen dem Haus Saul (als Tochter ihres Vaters) und dem Haus David (als Ehefrau) begründet ihre tragische Funktion in diesen Erzählungen.

Dass Michals Mann Paltiel weinend hinter seiner Frau herläuft, zeigt darüber hinaus aber auch, dass sowohl politisches Kalkül als auch Emotionalität in den ehelichen Beziehungen eine Rolle spielten.

Abschließend taucht Michal in der Davidsgeschichte nur noch einmal auf.

Doch bevor wir zu dieser Stelle kommen, wollen wir uns einen Vers ansehen, der auch in der Hebräischen Bibel einzigartig ist und ein sehr befremdliches Licht auf die sonst so heldenhafte Gestalt Davids wirft.

Vor der Einnahme von Jerusalem, die David zu seiner Stadt macht, lassen die ortsansässigen Jebusiter verlauten (2 Sam 5,6):

„Du wirst hier nicht hereinkommen, sondern da vertreiben dich die Blinden und Lahmen. "

David gibt darauf zur Antwort:

„Es muss den Schacht erreichen, wer die Jebusiter schlagen will, auch die Lahmen und Blinden, die mir (David) im Innersten verhasst sind. "

Dass David „Blinde und Lahme hasse", wird nur an dieser Stelle festgestellt, überhaupt ist das die einzig alttestamentliche Stelle, die über körperlich benachteiligte Menschen auf solch raue Weise spricht.

Und sie bleibt darüber hinaus noch für David ohne Folgen, außer dass sie ein ziemlich schlechtes Licht auf den Charakter Davids wirft.

Blinde und Lahme werden ansonsten in einem Atemzug mit Schwangeren und Wöchnerinnen als besonders schutzbedürftig erwähnt.

Doch zurück zu Michal und ihr letztes Auftauchen in der Geschichte.

Diesen Text finden wir in 2 Sam 6,12-23, in dem es eigentlich um die Überführung der Bundeslade nach Jerusalem geht, und der lautet folgendermaßen:

2 Sam 6,12 So wurde König David berichtet:
*„Gesegnet hat der Heilige das Haus von Obed-Edom
und alles, was ihm gehört, wegen des Gottesschreins.
Da ging David hin und brachte unter Jubelliedern den
Schrein Gottes vom Haus Obed-Edoms hinauf in die
Stadt Davids.*
2 Sam 6,13 Jedes Mal, wenn die, die den Schrein des
Heiligen trugen, sechs Schritte getan hatten,
brachte er ein Rind und ein Mastkalb als Opfer dar.
2 Sam 6,14 David tanzte mit aller Kraft vor dem Heiligen,
David bekleidet mit einem Priesterschurz aus Leinen.
2 Sam 6,15 So brachten David und ganz Israel den Schrein
des Heiligen hinauf unter Jubellärm und Hörnergetön.
2 Sam 6,16 Als der Schrein des Heiligen dann in die Stadt
Davids kam, schaute Michal, die Tochter Sauls, aus dem
Fenster herunter und sah den König David hopsend und
tanzend vor dem Heiligen.
Da schätzte sie ihn gering in ihrem Herzen.
2 Sam 6,17 Sie brachten den Schrein des Heiligen und
stellten ihn an seinem Platz in der Mitte des Zeltes,
das David für ihn aufgespannt hatte,
und David brachte dem Heiligen Ganzopfer und
Gemeinschaftsopfer dar.
2 Sam 6,18 Als David die Darbringung der Ganzopfer und
der Gemeinschaftsopfer vollendet hatte,
segnete er das Volk im Namen des Heiligen,
gebietend über Heere.

2 Sam 6,19 *Dann teilte er an das ganze Volk und die ganze Menge Israels, an Mann und Frau, an jede und jeden einen Brotlaib, einen Dattelkuchen und einen Rosinenkuchen aus.*

Danach ging das ganze Volk nach Hause.

2 Sam 6,20 *Auch David kam heim, um sein Haus zu segnen. Da trat Michal, die Tochter Sauls heraus, David entgegen und sagte:*

„Wie hat sich der König von Israel heute Achtung verschafft, der sich vor den Augen von Sklavinnen und Sklaven entblößt hat, wie sich wirklich nur ein Nichts entblößt."

2 Sam 6,21 *David sagte zu Michal:*

„Vor dem Heiligen, der mich deinem Vater und seiner ganzen Familie vorgezogen hat, um mich als Hirten über das Volk des Heiligen, über Israel, einzusetzen – vor dem Heiligen will ich tanzen,

2 Sam 6,22 *und will mich noch geringer machen als diesmal und will niedrig sein in meinen Augen,*

aber bei den Sklavinnen, von denen du geredet hast, will ich mir Achtung verschaffen."

2 Sam 6,23 *Michal, die Tochter Sauls, hatte kein Kind bis zum Tag ihres Todes.*

Die Übersiedlung der Lade – oder wie hier formuliert: der Schrein des Heiligen – nach Jerusalem erfolgt in mehreren Schritten.

Die Verse 1 bis 11 erzählen davon, dass die Lade von Kirjat-Jearim zu einem Obed-Edom gebracht wird.

In den Versen 12 bis 19 erfolgt die endgültige Überstellung zur Residenz Davids.

Die Begleitung erfolgt mit Tanz, Gesang und einer ganzen Reihe von Saiten- und Perkussionsinstrumenten. Zu Musik und Tanz kommt in dieser zweiten Prozession auch noch das Opfer, das den kultischen Charakter des Ganzen unterstreicht.

Davids Tanz vor der Lade wird in der ganzen Erzählung dreimal erwähnt und im Laufe der Geschichte von Michal problematisiert.

Die Episode mit Michal wird unterschätzt, wenn sie als rein private Angelegenheit zwischen Eheleuten verstanden wird.

Michal, die erste Frau Davids und Tochter Sauls, repräsentiert den Status zwischen den beiden Königshäusern.

Die Position dieser Episode genau vor der Dynastieverheißung an David im nächsten Kapitel zeigt an, dass es auch hier um eine dynastische Frage, um das Ende der saulidischen Dynastie, geht. Die Kinderlosigkeit Michals (Vers 23) steht mit dem Ende dieser Dynastie im Zusammenhang.

Der Anlass für Michals Zorn ist der Tanz Davids in seiner ganzen Wildheit. Bildzeugnisse weisen uns darauf hin, dass es sich um eine Bewegung des Radschlagens handeln könnte.

Und Michal ärgert sich darüber, dass der König von Israel sich vor den Augen seiner Untertanen entblößt.

Michal

es gibt Männernamen in der Bibel
mehrere hundert

gar mehrere tausend
unzählige
aber nur 109 unterschiedliche für Frauen
und nur von einer
einer einzigen
heißt es:
sie liebte ihren Mann
irgendwie traurig, oder?

Michal
Sie steht am Fenster
und sie schaut hinaus.
Überall fröhliche, gutgelaunte Menschen,
denn Gott zieht ein in die Stadt.
Bald schon hört sie die Musikanten
und den Lärm ihrer Instrumente.
Dann sieht sie auch schon die Ersten.
Die Menge jubelt.
Der Zug kommt näher.
Mittendrin ihr Geliebter.
Ihr David, der König.
Sie ist so glücklich.
Und da, ein Tänzer.
Halbnackt schlägt er das Rad,
macht Luftsprünge wie ein Irrer.
Vor dem Volk entblößt er sich.
Vor all den Frauen und Kindern.
Ihm folgt der Wagen mit der Lade darauf,
sittsam verhüllt.

Vor den trottenden Ochsen aber der Nackte.
Jetzt erkennt sie ihn.
Oh, Gott, es ist er, ihr Geliebter.
Wie peinlich das Ganze, wie würdelos.
Ihre Stimmung schlägt um, ist dahin,
und aus ihrer Liebe wird Verachtung.
Wie kann man nur?
Im Angesicht Gottes
halbnackt zu tanzen,
das wäre noch tragbar.
Aber vor den Augen der Leute?
Michal wendet sich ab,
Tränen treten in ihre Augen,
laufen die Wangen hinunter.
Sie senkt den Blick, ihre Liebe dahin
und ihr Schoß blieb verschlossen.

Damit wären wir theoretisch ans Ende der Michal-Erzählungen gekommen, gäbe es da nicht noch eine kleine Namensverwechslung.

Fast am Ende des 2. Samuelbuches taucht eine Geschichte auf, die Wasser ist auf die Mühlen derjenigen, die im Alten Testament nur blutige Kämpfe und Erzählungen sehen.

Eine Hungersnot in Israel ist Anlass für eine Befragung JHWHs durch ein Orakel. Der Gott Israels gibt eine Blutschuld Sauls an die Gibeoniter als Grund für die Hungersnot bekannt. Die Gibeoniter gehörten nicht zu Israel, lebten aber inmitten der Stammesgebiete der Nordstämme. Sie hatten ein vertraglich abgesichertes Wohnrecht im Lande. Diese Gibeoniter fordern Blutrache für etwas, dass Saul ihnen durch irgendeine nicht mehr nach zu vollziehende Bluttat getan hat. Die für uns nicht mehr recht verständliche Blutrache ist hier der Versuch, das ursprüngliche Gleichgewicht (den schalom), das durch die Gewalttat gestört worden ist, wiederherzustellen.

David liefert dafür 2 Söhne und 5 Enkel Sauls den Gibeonitern aus, die sie töten durch Aufhängen.

Und hier geschieht jetzt eine Verwechslung.

Merab, die älteste Saultochter, wurde mit Adriël ben-Barsillai verheiratet. Sie war David nur als Ehefrau versprochen worden. Hier werden ihre 5 Söhne, als Söhne der Michal bezeichnet, die aber mit Adriël verheiratet gewesen war. Ganz offensichtlich eine Verwechslung.

Aber so runden wir den Kreis mit den beiden Saulstöchtern ab.

Die beiden Söhne Sauls stammen von seiner Nebenfrau Rizpa, die ich schon in anderem Zusammenhang erwähnte.

Sie kleidet sich in Sackleinen, was damals ein Zeichen der Trauer darstellte und hält bei ihren aufgehängten Söhnen Totenwache. Geduldig scheucht sie Vögel und Wildtiere von den Leichen. Ihre tiefe Trauer und Beharrlichkeit wird von David anerkannt und belohnt dadurch, dass er Sauls und die Gebeine seines Sohnes Jonatan ehrenvoll im Grab Kischs, des Vaters von Saul, bestatten lässt.

Ob das ein Trost für Rizpa war, wage ich zu bezweifeln.

Der Mann, der ihre Söhne den Gibeonitern auslieferte, wird wohl nicht mehr git machen können, was er ihr antat.

Aber über ihre Gefühle lesen wir hier nichts.

„*Nur*" *eine Nebenfrau*

sie sitzt da
und weint
viele Tränen
nur manchmal
steht sie auf
und sie verjagt
die Geier
von den Erhängten
ihren Söhnen
Armoni
und
Mefi-Boschet
dem Saul hat sie geboren
sie, seine Frau
Rizpa
nur eine Nebenfrau zwar
was hieß das schon
sie war schön
so schön
dass Abner
Sauls Feldherr
sie begehrte
und nahm
als Geliebte

sie werden begraben
ihre Söhne
Blutopfer Davids
endlich
und sie sitzt da
am Grab
Tränen hat sie keine mehr

Die Frauen Davids
Abigajil

Kommen wir zu einer zweiten Frau, die eine aktive Rolle im Geschehen um Davids spielt, kommen wir zu Abigajil.

Die Erzählung von David und Abigajil thematisiert Davids Heiratspolitik, aber auch seine Lebensweise als Bandenchef oder Räuberhauptmann.

Wir müssen auch diese Begebenheit einmal im Zusammenhang in 1 Sam 25,2-42 lesen, weil viele diese Geschichte überhaupt nicht kennen.

Aber Achtung! Jetzt kommt mal ein langes Stück Altes Testament pur:

1 Sam 25,2 In Maon gab es einen Mann, dessen
Unternehmung lag in Karmel.
Der Mann war sehr reich.
Ihm gehörten 3000 Schafe und 1000 Ziegen.
Er befand sich gerade zur Schur seiner Schafe in Karmel.
1 Sam 25,3 Der Mann hieß Nabal, und seine Frau Abigajil.
Die Frau war von klarem Verstand und schönem
Aussehen, der Mann hart und bösartig in seinen Taten.
Er war ein Kalebiter.
1 Sam 25,4 Nun hörte David in der Steppe, dass Nabal dabei
war, seine Schafe zu scheren.
1 Sam 25,5 Da schickte David zehn Knechte.
Und David sagte zu den Knechten:
„Zieht hinauf nach Karmel!
Wenn ihr zu Nabal kommt, entbietet ihm in meinem

Namen den Gruß
1 Sam 25,6 und sagt:
Auf ein gutes Leben! Friede sei mit dir!
Friede sei mit deinem Haus und deiner Familie!
Friede sei mit allem, was dein ist!
1 Sam 25,7 Nun habe ich gehört, dass du die Scherer bei dir hast.
Nun, deine Hirten und Hirtinnen waren mit uns zusammen, und wir haben ihnen nichts angetan,
und ihnen hat nicht das Geringste gefehlt
während der ganzen Zeit, als sie in Karmel waren.
1 Sam 25,8 Frage deine Leute, die werden es dir bestätigen!
Möchten doch die Knechte und Mägde Gunst in deinen Augen finden!
Wir sind ja zu einem Festtag gekommen.
Gib doch, was dir gerade so in die Hand fällt,
deinen Sklaven und deinem Sohn David!"
1 Sam 25,9 So kamen Davids Knechte und redeten mit Nabal ganz in diesem Sinn im Namen Davids.
Dann warteten sie ab.
1 Sam 25,10 Und Nabal antwortete den Leuten Davids und sagte:
„Wer ist eigentlich David, wer ist der Sohn Isais?
Heutzutage gibt es viele Sklaven, die ihrer Herrschaft davongelaufen sind.
1 Sam 25,11 Da sollte ich mein Brot und mein Wasser und das Fleisch, das ich für die Scherleute geschlachtet habe, nehmen und Männern geben, von denen ich nicht weiß, woher sie sind?"
1 Sam 25,12 Da machten sich die Knechte Davids auf den

Rückweg, kehrten um,
kamen und berichteten ihm ganz in diesem Sinn.
1 Sam 25,13 Da sagte David zu seinen Männern:
„Jeder gürte sein Schwert um!"
Da gürtete jeder sein Schwert um,
auch David gürtete sein Schwert um.
Dann zogen sie hinter David hinauf, ungefähr 400 Mann.
200 Mann blieben beim Tross zurück.
1 Sam 25,14 Abigajil, der Frau Nabals, hatte jemand von den
jungen Leuten gemeldet:
„Denk nur, David hat Boten von der Steppe her gesandt,
um unseren Herrn zu segnen,
und der hat sie angeschrien.
1 Sam 25,15 Dabei waren die Männer sehr gut zu uns.
Uns wurde nichts angetan,
und wir vermissten nicht das Geringste
während der ganzen Zeit, als wir mit ihnen umherzogen,
während wir im Freien waren.
1 Sam 25,16 Eine Schutzmauer waren sie um uns,
sowohl bei Nacht als auch bei Tag, die ganze Zeit über,
die wir bei ihnen die Schafe hüteten.
1 Sam 25,17 Nun sei dir bewusst und sieh zu, was du tust!
Denn beschlossene Sache ist das Unheil gegen unseren
Herrn und über sein ganzes Haus und seine ganze
Familie.
Er ist zu skrupellos, als dass man mit ihm reden könnte."
1 Sam 25,18 Da nahm Abigajil schnell 200 Brote, zwei Krüge
Wein, fünf fertig zubereitete Schafe, fünf Sea (Sea ist eine
Maßeinheit für Getreide von zirka 12 Litern) geröstete
Körner, 100 Rosinenkuchen und 200 Feigenkuchen und

packte sie auf Esel.

1 Sam 25,19 Zu ihren Leuten sagte sie:

„Zieht vor mir her, ich komme dann gleich hinter euch her."

Aber ihrem Mann Nabal teilte sie nichts mit.

1 Sam 25,20 So ritt sie auf dem Esel und zog im Schutz des Berges abwärts.

Auch David und seine Männer, sie zogen abwärts, ihr entgegen.

So stieß sie auf sie.

1 Sam 25,21 David sagte gerade:

„In der Tat, für nichts und wieder nichts habe ich in der Steppe alles bewacht, was dem da gehört.

Nicht das Geringste von seinen Sachen hat gefehlt.

Und er vergilt mir Gutes mit Bösem.

*1 Sam 25,22 Dies und noch mehr soll Gott den Feinden Davids antun: ich lasse bis zum Morgen nichts von dem übrig, **was männlich ist bei ihm**!"*

(Wörtlich heißt es hier statt „männlich" –
„was gegen die Wand pisst")

1 Sam 25,23 Als Abigajil David sah, stieg sie schnell vom Esel. Sie fiel vor David auf ihr Gesicht und verneigte sich bis zu Erde.

1 Sam 25,24 Sie fiel zu seinen Füßen und sagte:

„Bei mir, mein Herr, bei mir liegt die Schuld.

Dürfte deine Sklavin doch zu dir reden, höre auf die Worte deiner Sklavin!

1 Sam 25,25 Mein Herr richte doch seinen Sinn nicht auf

diesen skrupellosen Mann da, gegen Nabal!
Denn wie sein Name, so ist er:
Nabal ist sein Name, ein Tor, und Torheit ist bei ihm.
Ich aber, deine Sklavin,
ich habe die Knechte meines Herrn gar nicht gesehen,
die du geschickt hattest.
1 Sam 25,26 Und nun mein Herr,
beim Leben des Heiligen und bei deinem eigenen Leben:
Der Heilige möge dich davon abhalten, in Blutschuld zu
geraten, indem du dir mit eigener Hand hilfst.
Vielmehr soll es deinen Feindinnen und Feinden und
denen, die meinem Herrn Böses antun wollen, wie Nabal
gehen!
1 Sam 25,27 Dieses Geschenk nun,
das deine Dienerin meinem Herrn gebracht hat,
soll den Getreuen gegeben werden, die im Gefolge
meines Herrn sind.
1 Sam 25,28 Vergib doch das Vergehen deiner Sklavin!
Ja, ganz gewiss wird der Heilige meinem Herrn eine
beständige Dynastie schaffen.
Ja, die Kriege des Heiligen wird mein Herr führen, und
nichts Böses wird sich bei dir finden dein Leben lang.
1 Sam 25,29 Wenn ein Mensch aufsteht, um dich zu verfolgen
und dir nach dem Leben zu trachten,
dann soll das Leben meines Herrn im Beutel der
Lebendigen bei dem Heiligen, deiner Gottheit, verschnürt
sein,
das Leben deiner Feinde aber wird sie wegschleudern mit
der Schleuder.
1 Sam 25,30 Wenn dann der Heilige an meinem Herrn

entsprechend all dem Guten handelt,
das er über dich angekündigt hat,
und dich zum Hirten über Israel bestellt,
1 Sam 25,31 dann soll dies für dich nicht zum Anstoß
und meinem Herrn nicht zum Fallstrick im Gewissen
werden,
dass mein Herr umsonst Blut vergossen und sich selbst
geholfen hat.
Wenn der Heilige meinem Herrn Gutes tut,
dann gedenke deiner Sklavin!"
1 Sam 25,32 Da sagte David zu Abigajil:
„Gesegnet sei der Heilige, Israels Gottheit, die dich am
heutigen Tag mir entgegengeschickt hat!
1 Sam 25,33 Gesegnet sei dein Verstand und gesegnet du
selbst, die du mir am heutigen Tag daran gehindert hast,
in Blutschuld zu geraten, indem ich mir mit eigener Hand
geholfen hätte.
1 Sam 25,34 Vielmehr,
so wahr der Heilige, Israels Gottheit, lebt,
die mich davon abgehalten hat, dir Böses anzutun:
Wenn du mir nicht so schnell entgegengekommen wärst,
dann wäre Nabal bis zum Morgengrauen keiner von
denen übrig geblieben, die männlich sind."
1 Sam 25,35 Dann nahm David aus ihrer Hand an, was sie
ihm gebracht hatte.
Zu ihr sagte er:
„Zieh in Schalom hinauf in dein Haus.
Schau, ich habe auf deine Stimme gehört.
Du kannst mir ins Gesicht schauen."
1 Sam 25,36 So kam Abigajil zu Nabal.

*Der hielt gerade ein Trinkgelage in seinem Haus wie das
Gelage eines Königs.*
*Nabal befand sich in bester Stimmung und war völlig
betrunken.*
*So erzählte sie ihm kein Sterbenswörtchen bis zum
Morgengrauen.*
*1 Sam 25,37 Am Morgen aber, als der Wein aus Nabal wich,
da erzählte ihm seine Frau diese Vorfälle.*
Da erstarb sein Herz in ihm und er wurde zu Stein.
*1 Sam 25,38 Und ungefähr nach zehn Tagen, da schlug der
heilige Nabal, und er starb.*
*1 Sam 25,39 Als David hörte, dass Nabal gestorben war,
sagte er:*
„Gesegnet sei der Heilige!
*Gott hat den Streit wegen meiner Beleidigung durch
Nabal zum Sieg geführt*
und zugleich seinen Getreuen vom Bösen abgehalten.
*Die Bosheit Nabals aber hat der Heilige auf ihn selbst
zurückfallen lassen."*
*Dann schickte David zu Abigajil und ließ ihr sagen, er
wolle sie zur Frau nehmen.*
*1 Sam 25,40 So kamen Davids Leute zu Abigajil nach Karmel
und sagten zu ihr:*
*„David hat uns zu dir geschickt, weil er dich zu seiner
Frau nehmen will."*
*1 Sam 25,41 Da stand sie auf, verneigte sich mit dem Gesicht
bis zur Erde und sagte:*
*„In der Tat, deine Sklavin wird zur Dienerin, um die
Füße der Männer meines Herrn zu waschen."*
1 Sam 25,42 Und schnell stand Abigajil auf und ritt auf dem

Esel, von ihren fünf Dienerinnen auf dem Fuß gefolgt,
und zog hinter den Boten Davids her.
So wurde sie seine Frau.

Wer kennt wohl diese Geschichte? Und, was noch wichtiger ist, wie finden Sie diese Räuberpistole?

Wollen wir den Text einmal hinterfragen, was er so alles an Geheimnissen uns eröffnen kann!

Der Name des Gegenspielers Davids in dieser Erzählung lautet Nabal, was im Hebräischen „Dummkopf" oder „Tor" bedeutet.

Diese Dummheit, die mit diesem Begriff bezeichnet wird, beschränkt sich aber nicht auf mangelnde intellektuelle Fähigkeiten, sondern erstreckt sich auf den moralischen Bereich, so dass der Name auch mit „Verbrecher" wiedergegeben werden könnte.

Nabal ist wirtschaftlich so gut gestellt, dass er eine ganz Reihe von Angestellten hat. Die Erzählung weist damit auf soziale Verhältnisse von Arbeitsteilung hin. Sesshafte Bauern waren Teil der palästinensischen Dorfkultur und Nomaden arbeiteten für sie. Diese Nomaden zogen mit den Herden der sesshaften Bauern von Weide zu Weide. Im Winter ging die Bewegung in Richtung Totes Meer, im Sommer wieder zurück zu den Dörfern je nach den Witterungsverhältnissen und den damit zusammenhängenden Weidemöglichkeiten. Bauern und Nomaden lebten also in einer ökonomischen Symbiose.

Unsere Erzählung spiegelt diese Verhältnisse wieder.

Und David wird als Beschützer der Hirten dargestellt. Es ist aber fraglich, ob sie sich freiwillig unter dem Schutz einer marodierenden Räuberbande begeben haben.

Anlässlich der Schafschur kommen die Menschen zusammen und es finden Feste statt.

Davids Rede ist in dieser Erzählung widersprüchlich. Seine rhetorischen Floskeln signalisieren Ehrerbietung, der Inhalt der Rede ist aber eine unmissverständliche Zahlungsaufforderung (Schutzgeld).

Und David versteht die Weigerung Nabals als Anlass, gegen ihn zu kämpfen. Das dreimalige Vorkommen des Wortes „Schwert" kontrastiert mit dem dreimaligen „Frieden" und entlarvt Davids Absicht. Eindeutig also eine Räubergeschichte. Fast erinnert sie an Geschichten um Schutzgelderpressung in Stile der Mafia.

Abigajil erfährt von den Geschehnissen auf eine Weise, die wiederum ein positives Licht auf David wirft, dagegen Nabal aber als starrsinnig hinstellt.

In Vers 18 wird aufgezählt, was sie alles für David bereitstellt. Dabei handelt es sich um typische landwirtschaftliche Produkte Palästinas.

Anschließend wird die Begegnung zwischen Abigajil und David ausführlich dargestellt.

Die Frau erweist sich als klüger als ihr Mann namens „Dummkopf", was erstmal kein Wunder ist. Ihre Rhetorik ist ausgefeilt. Die Begriffe „mein Herr" und „Sklavin" in ihrer Rede haben nichts mit besonderer Unterwürfigkeit zu tun, sondern gehören zur althebräischen Höflichkeit. Abigajil geht aus ausgesprochen höflich mit David um, ohne jedoch devot zu sein. Sie stellt Davids Verzicht auf Gewalt als Vorteil für ihn selbst dar und als Ergebnis des Eingreifens des Heiligen (Gottes).

Und dann findet sich im Munde dieser klugen Frau eine Dynastiezusage an David, die natürlich Teil ihrer ausgefeilten Rhetorik ist. Sie weist David darauf hin, dass im Hinblick auf seine große Zukunft es gut ist, wenn man ihm keine solche Blutschuld wird nachsagen können. Als Reaktion ihrer Rede preist David die Klugheit dieser Frau.

Die Konsequenz aus ihrem Handeln und ihrer Begegnung mit David ist für Abigajil und ihrem Mann höchst unterschiedlich.

Nabal erleidet als Reaktion auf die Neuigkeiten einen Schlaganfall, an dem er kurze Zeit später stirbt.

Abigajil dagegen wird die Frau des zukünftigen Königs, denn zurzeit ist David nur Bandenchef.

Abigajil gehört zu den weisen Frauen der Samuelbücher, ja der Hebräischen Bibel schlechthin, die in gewalttätigen Konflikten besonnen vermittelnd eingreifen. Diese Frauen sind Teil des Bildes, das später in den Büchern der Sprüche und dem Buch der Weisheit die personifizierte weibliche Weisheitsgestalt formen wird.

Auch bei dieser Eheschließung zwischen David und Abigajil spielen nicht so sehr emotionale, sondern mehr strategisch politische Überlegungen eine Rolle. Abigajil gehört als „Großbäuerin" sozusagen zu den einflussreichen Kreisen um Hebron, die Davids Königtum im Südreich Juda, eben in diesem Hebron, vorbereiten.

Eine Erwähnung Abigajils findet noch dreimal in den weiteren Erzählungen statt.

Doch bevor wir diese Stellen kurz in den Blick nehmen, wollen wir ein absurdes Verhalten Davids in den Blick nehmen:

David geht nämlich mit seiner Bande zu den Philistern. Diese Episode aus Davids Leben ist mit Sicherheit weder für die Erzähler noch für das altisraelische Publikum einfach zu verstehen gewesen.

Immer wieder wird davon erzählt, dass sowohl Saul als auch David gegen die Bedrohung durch die Philister in den Kampf ziehen. David ist bei diesen Kämpfen gegen die Philister sogar besonders tapfer – siehe die Goliath-geschichte oder die Episode mit den Vorhäuten.

Die immer mehr drohenden Tötungsabsichten durch Saul bringen David jetzt dazu, sich bei seinen Erzfeinden, den Philistern, zu verstecken.

Die Erzählung tut aber alles, um das davidfreundliche Bild nicht durch diese Episode zu trüben. Der Aufenthalt Davids bei den Philistern wird als unvermeidlich und tak-tisch klug dargestellt. Der Philisterkönig von Gat nimmt David und seine mittlerweile auf 600 Leute angewachsene Bande auf und weist ihm die Stadt Ziklag als Lehen zu. Dazu wollen wir kurz 1 Sam 27,2-6 lesen:

1 Sam 27,2 So machte sich David auf
und zog zusammen mit den 600 Leuten,
die bei ihm waren,
zu Achisch ben-Maoch, dem König von Gat.
1 Sam 27,3 So blieb David bei Achisch in Gat,
er und seine Leute, ein jeder mit seiner Familie;
David mit seinen zwei Frauen,
Ahinoam aus Jesreel und Abigajil,
der Frau Nabals, aus Karmel.
1 Sam 27,4 Als Saul gemeldet wurde, dass David nach Gat

geflohen war, suchte er ihn nicht länger.
1 Sam 27,5 Nun sagte David zu Achisch:
„Wenn ich Gunst erlangt habe in deinen Augen,
möge man mir einen Ort in einer der Städte draußen auf
dem Land geben, damit ich dort bleibe.
Warum sollte dein Getreuer bei dir in der Königstadt
bleiben?"
1 Sam 27,6 So gab ihm Achisch an diesem Tag Ziklag:
deshalb gehört Ziklag der königlichen Familie von Juda
bis auf den heutigen Tag.

David schadet niemanden in Juda und betrügt sogar den
Philisterkönig, der ihm Schutz gewährt. Von Ziklag aus
überfallen David und seine Leute Gruppen von Nomaden,
die im Negev umherziehen. Den Philisterkönig betrügt er
dadurch, dass er seine Raubzüge so darstellt, als wären sie
gegen Juda gerichtet. Da David mit höchster Brutalität
vorgeht und niemand von den Überfallenen am Leben lässt,
gibt es auch keine Zeugen für seinen Betrug.

Die nächste Erwähnung von Abigajil findet dann in 1
Sam 30,5.18.

Die Amalekiter aus dem Südland hatten in Davids Ab-
wesenheit Ziklag überfallen und alle Frauen als Gefangene
mitgenommen. In Vers 5 heißt es:

1 Sam 30,5 ... die beiden Frauen Davids waren gefangen
genommen worden.
Ahinoam aus Jesreel und Abigajil,
die Frau Nabals, aus Karmel.

David eilt ihnen nach und holt sich alles wieder zurück, was die Amalekiter als Beute mitgenommen hatten, auch seine beiden Frauen:

1 Sam 30,18 So befreite David alle, die die Amalekiter
mitgenommen hatten,
auch seine beiden Frauen befreite David.

Die wiederholte Erwähnung dieser Frauen soll dazu dienen, das dynastische Element von Davids Herrschaft vorzubereiten.

Nach Sauls und Jonathans Tod geht David nach Hebron, wo er als König von Juda inthronisiert wird und für sieben-einhalb Jahre König des Südreichs Juda ist.

Der bisherige flüssige Erzählstoff der Samuelbücher wird dann an dieser Stelle in 2 Sam 3,2-4 durch einen Einschub einer Liste von Davids Frauen und Söhnen, die ihm in Hebron bzw. vorher geboren wurden, kurz unterbrochen. Der Einfachheit halber habe ich diese Aufstellung einmal zusammengefasst:

Michal	(Tochter Sauls des König von Israel)	*keine Kinder*
Ahinoam	(aus Jesreel)	*Amnon*
Abigajil	(Witwe Nabals aus Karmel)	*Kilab oder Daniel*

David ∞

Maacha	(Tochter Talmais des König von Geschur)	*Abschalom* *Tamar*
Haggit		*Adonija*
Abital		*Schefatja*
Egla		*Jitream*

Die Auflistung von Söhnen, deren Mütter nur in zwei Fällen durch eine eigene Geschichte eine Rolle spielen, soll aufzeigen, dass das Haus Davids nicht nur durch kriegerische Erfolge, sondern auch durch Söhne und potentielle Thronnachfolger mächtiger wird.

Im nächsten Zusammenhang der Samuelbücher geht es um Davids Anerkennung als König von ganz Israel, um die Eroberung von Jerusalem und um weitere kriegerische Auseinandersetzung.

Die weiteren Frauen um David herum sind den Erzählern in der Folge so unwichtig, dass sie in 2 Sam 5,13-16 nur noch die Namen der Söhne überliefern, die David in Jerusalem geboren wurden.

Da heißt es:

2 Sam 5,13 Danach nahm David weitere Nebenfrauen und Ehefrauen aus Jerusalem, nachdem er von Hebron dahin gezogen war.
Und David wurden weitere Söhne und Töchter geboren.
2 Sam 5,14 Dies sind die Namen derer, die ihm in Jerusalem geboren wurden:
*(nur Söhne) Schammua, Schobab, Natan, **Salomo**,*
2 Sam 5,15 Jibhar, Elischua, Nefeg, Jafia,
2 Sam 5,16 Elischama, Eljada und Elifelet.

Laut den Chronikbüchern fehlen in dieser Auflistung noch drei Söhne mit den Namen Elpelet, Nogah und Jerimot.

Also wenn man so will, hatte David ein recht abwechslungsreiches Sexualleben und einen Stall voll Kinder.

Wenn man darüber hinaus noch bedenkt, dass die Männer sich nach den Gesetzen des Heiligen Krieges vor kriegerischen Handlungen jeglicher Sexualität zu enthalten hatten.

Dann, holla, alle Achtung.

Die Erweiterung des königlichen Harems ist ebenfalls ein Zeichen der wachsenden Macht Davids.

Bei dieser Aufzählung fällt aber auf, dass hier nur noch Söhne genannt werden im Unterschied zu der Aufzählung aus Hebron, wo auch die Mütter eine Rolle spielten und zumindest namentlich erwähnt wurden.

Von den hier genannten Söhnen wird aber nur Salomo eine bedeutende Rolle im weiteren Geschehen spielen.

Salomo, der Sohn Batschebas.

Abigajil

Mein Gott,

ich bin so aufgeregt.
Ich muss noch an so vieles denken.
Ich weiß nicht, wo mir der Kopf steht.
Ich komme hoffentlich noch zur rechten Zeit.

Reden werde ich müssen.
Beschwichtigen werde ich müssen.
Bezirzen werde ich müssen.

Den Gesalbten.
Den Rötlichen.
Den zukünftigen Herrscher.

Und da draußen ist Erntefest.
Und da draußen ist Stimmung.
Und da draußen feiern sie.

Und da draußen liegt mein Mann.
Besoffen.

Mein Gott, hilf,
ich muss es schaffen.

Die Frauen Davids
Batseba

Womit wir bei der Frau Davids angelangt wären, deren Geschichte am bekanntesten und vielleicht auch am verkanntesten ist.

Batseba, im Hebräischen „Tochter der Fülle".

Die folgende Erzählung ist unter dem Titel „David und Batseba" bestimmt bekannt. Dabei nehmen die Ereignisse zwischen David und Batseba nur einen geringen Teil der Episode ein.

Viel ausführlicher ist der Teil der Episode, der die Auseinandersetzung Davids mit dem Ehemann der Batseba, dem Urija, behandelt.

Wobei Auseinandersetzung hier nicht der richtige Ausdruck ist, vielmehr handelt es sich um eine mörderische Intrige Davids, um Urija los zu werden, nachdem der nicht so reagiert, wie David das sich vorstellte.

Aber lesen wie zunächst einmal die Erzählung aus
2 Sam 11,1-27:

2 Sam 11,1 Als wieder die Zeit im Jahr kam,
in der die Könige ins Feld ziehen,
schickte David Joab und seine Leute und mit ihm ganz Israel,
und sie brachten den Menschen von Ammon Vernichtung und Zerstörung und belagerten Rabba.
David blieb in Jerusalem.
2 Sam 11,2 Da geschah Folgendes:

*Zur Abendzeit stand David von seinem Bett auf und
schlenderte auf dem Dach des königlichen Palastes
umher.
Da sah er vom Dach aus eine Frau sich waschen,
und die Frau sah sehr schön aus.*
2 Sam 11,3 *David schickte jemanden hin und erkundigte sich
nach der Frau.
Es hieß:
„Ist das nicht Batscheba, die Tochter Eliams,
die Frau Urijas, des Hetiters?"*
2 Sam 11,4 *David schickte Boten und ließ sie holen.
Sie kam zu ihm und er schlief mit ihr.
Sie hatte sich gerade zuvor von ihrer Unreinheit
geheiligt.
Dann kehrte sie zurück nach Hause.*
2 Sam 11,5 *Die Frau wurde schwanger.
Sie schickte jemanden und ließ David berichten und
sagen:
„Ich bin schwanger."*
2 Sam 11,6 *David sandte zu Joab:
„Schick mir Urija, den Hetiter."
Joab schickte Urija zu David.*
2 Sam 11,7 *Urija kam zu ihm, und David fragte,
ob es Joab gut ginge und der Truppe,
und ob es mit dem „Krieg" (wörtlich: schalom) gut
stände.*
2 Sam 11,8 *Dann sagte David zu Urija:
„Geh hinunter nach Hause und wasche deine Füße."
Urija verließ den königlichen Palast, und ein Geschenk
des Königs wurde ihm gleich hinterher gebracht.*

2 Sam 11,9 Urija aber legte sich am Eingang des königlichen
Palastes zu allen anderen Leuten seines Herrn,
er ging nicht nach Hause.
2 Sam 11,10 David wurde berichtet:
„Urija ist nicht nach Hause gegangen."
Da sagte David zu Urija:
„Bist du nicht einen weiten Weg gekommen?
Warum bist du nicht nach Hause gegangen?"
2 Sam 11,11 Urija sagte zu David:
„Wohnen nicht der Schrein und Israel und Juda in
Hütten,
liegen nicht Joab, mein Herr, und die Leute meines Herrn
im Feld?
Und da soll ich nach Hause kommen, um zu essen, zu
trinken und mit meiner Frau zu schlafen?
Bei deinem Leben und bei der Lebendigkeit deines
Atems:
So etwas tu ich nicht!"
2 Sam 11,12 David sagte zu Urija:
„Bleib heute da, dann will ich dich morgen gehen
lassen."
So blieb Urija diesen Tag in Jerusalem.
Am folgenden Tag
2 Sam 11,13 rief David ihn.
Er aß und trank bei ihm, und David machte ihn
betrunken.
Am Abend ging er hinaus, um sich auf seinen Schlafplatz
bei den Leuten seines Herrn zu legen.
Aber nach Hause ging er nicht.
2 Sam 11,14 Am nächsten Tag kam es dann so:

David schrieb einen Brief an Joab und gab ihn Urija mit.
2 Sam 11,15 In dem Brief schrieb er:
„Setz Urija da an der Front ein, wo der Kampf am
stärksten ist.
Dann sollt ihr euch hinter ihm zurückziehen, so dass er
getroffen wird und stirbt.
2 Sam 11,16 Und so kam es:
Als Joab die Stadt beobachtet hatte,
setzte er Urija an einer Stelle ein, von der er wusste,
dass dort tapfere Männer kämpften.
2 Sam 11,17 Als die Männer der Stadt einen Ausfall machten,
um gegen Joab zu kämpfen,
fiel so mancher aus der Truppe von den Leuten Davids,
und auch Urija, der Hetiter, starb.
2 Sam 11,18 Joab schickte jemand und berichtete David alle
Ereignisse des Kampfes.
.....
2 Sam 11,26 Als die Frau Urijas hörte,
dass Urija, ihr Mann, tot war,
hielt sie die Totenklage für ihren Ehemann.
2 Sam 11,27 Als die Klage vorüber war, schickte David hin,
nahm sie in seinen Haushalt auf, sie wurde seine Frau
und gebar ihm einen Sohn.
Dem Heiligen missfiel sehr, was David getan hatte.

Bereits die Einleitung macht deutlich, dass es sich um eine konfliktreiche und gewalttätige Situation handelt.

Der Krieg zwischen Davids Israel und den Ammonitern prägt die politische Landschaft.

Aber während Joab mit ganz Israel auf dem Schlachtfeld

kämpft, bleibt David zu Hause in Jerusalem und spaziert müßig in seinem Palast herum.

Der erste Vers trieft nahezu vor Sarkasmus, wenn es da heißt, dass die Zeit kam im Jahr, wo die Könige ins Feld ziehen, David aber in Jerusalem blieb. Seine machtvolle Position erlaubt es ihm, eine Frau, die er sieht und begehrt, zu sich zu holen und mit ihr geschlechtlich zu verkehren.

Diesen Vers 4 würden sich auch heute noch Männer auf der Zunge zergehen lassen. Mann sieht eine begehrenswerte Frau, schnippt mit den Fingern und schon hat er sie im Bett. Ich bin mir sicher, dass gerade solche Verse in der patriarchalisch geprägten Männerwelt unter anderem der Kirche, dazu beigetragen haben, David als *das Ideal* zu standardisieren.

Aber schauen wir, wie es weiter geht.

David tut das, obwohl er weiß, dass Batseba verheiratet ist und dass ihr Mann gerade für ihn, seinen König, im Feld ist und kämpft.

Es ist an dieser Stelle müßig, wenn auch nicht von einem gewissen Reiz, darüber zu spekulieren, ob Batseba diese Begegnung gewollt hat oder nicht. Wir sehen, dass die Erzählung uns keinen Einblick gibt in die Gefühle und das Wollen Batsebas. Sie wird einfach nur als Objekt der Begierde Davids dargestellt.

Nur an einer einzigen Stelle kommt Batseba zu Wort, nämlich dann, wenn sie ihre Schwangerschaft David mitteilen lässt.

Batsebas Bad ist keine erotische Aufforderung wie es häufig dargestellt wird, sondern ein von der Tora vorgeschriebener Akt der Reinigung. Dieser Hinweis auf die

Reinigung nach der Menstruation stellt sicher, dass David der Vater des Kindes ist, mit dem sie schwanger ist. Denn während der Menstruation und in den sieben Tagen danach darf kein geschlechtlicher Akt stattfinden.

Batseba wird durch den Hinweis auf diese Reinigung aber auch als toratreue und fromme Frau vorgestellt, die sich an die Gesetze Israels hält.

Auch hier der versteckte Hinweis, dass David sich eben nicht an die Vorschriften der Tora hält, wenn er eine verheiratete Frau in sein Bett holt.

Darüber hinaus ist Davids Begehren wieder einmal nicht frei von politischem Kalkül. So wie schon seine bisher geschlossenen Ehen eine politische Dimension haben, ist auch die Beziehung zu Batseba machtpolitisch relevant.

Sie verkörpert nämlich die einflussreichen Schichten in Jerusalem.

Um seinen Seitensprung und dessen Folgen zu vertuschen, weil ja der Ehemann von Batseba im Krieg ist und deswegen nicht der Vater des Kinder sein kann, muss er also einen Ausweg finden.

David sieht den Ausweg darin, möglichst rasch den Urija zu seiner Ehefrau zu holen, damit das Kind, das sie bekommt, dann als sein Kind gelten kann.

David versucht also Urija zu betrügen.

Am Rande sei hier erwähnt, dass Urija zu dem erlauchten Kreis der 30 engsten Kämpfer Davids, genannt die Helden Davids, gehörte, also wahrscheinlich auch ein besonderes freundschaftliches Vertrauensverhältnis zwischen David und Urija bestand.

Davids Aufforderung an Urija „in sein Haus zu gehen

und sich die Füße zu waschen", ist ein versteckter Hinweis auf Sexualität. Der Begriff „Füße" gilt auch als Bezeichnung der Genitalien. Wir kennen das bereits aus dem Rutbuch, wo Rut sich zu Füßen des Boas legt.

Doch auch Urija verhält sich den Vorschriften des JHWH-Krieges entsprechend. Er zeigt sich nicht nur solidarisch mit den Soldaten im Feld, sondern enthält sich auch jeglicher sexueller Handlung - wie die Vorschriften des Krieges es fordern (ähnlich wie bei Leistungssportlern heute).

Urija ist zwar Hetiter, aber sein Name ist JHWH-haltig und bedeutet: „mein Licht ist JHWH".

Er verkörpert also in dieser Geschichte das Ethos Israels im Gegensatz zum König, der seine Machtposition in jeglicher Hinsicht missbraucht.

Batsebas Reaktion auf den Tod ihres Mannes wird in aller Kürze berichtet. Auch hier gewährt die Erzählung keinen Einblick in die Gefühle der Frau.

Der letzte Vers unserer Erzählung erzählt ganz kurz von der Heirat Davids mit Batseba und von der Geburt des Kindes.

Der letzte Satz dieser Erzählung ist dann allerdings von zentraler Bedeutung.

Im ganzen Komplex der Thronfolgeerzählungen kommt Gott als handelnde Person kaum vor. So fällt dieser Satz hier besonders ins Gewicht. Mit ihm bezieht die Erzählung deutlich Position gegen das Handeln des Königs.

Die Formulierung: „was David getan hat" lässt offen, was genau verurteilt wird. Auf keinen Fall ist die Kritik nur auf den Ehebruch reduziert. Zum verurteilten Handeln Davids gehört ebenso der Missbrauch seiner Machtposition im Bereich der Sexualität wie auch die Ermordung Urijas.

Das Kind Batsebas stirbt.

Während die weitere Erzählung sich total auf die Reaktion Davids um den Tod dieses Kindes einschießt, wird Batseba im nächsten Kapitel des 2. Samuelbuches nur noch in Vers 24 kurz erwähnt.

David tröstete Batseba, seine Frau.
Er kam zu ihr und schlief mit ihr.
Sie gebar einen Sohn und gab ihm den Namen Salomo,
und der Heilige liebte ihn.

Damit haben wir die Samuelbücher hinter uns gelassen und sind im 1. Buch der Könige angelangt.

Die ersten beiden Kapitel leiten die Geschichte Salomos ein.

Dem David werden die Willensbekundung und die Anordnung zur Thronfolge seines Sohnes Salomo abgerungen, dabei wird der bereits nach dem Königtum greifende Davidssohn und ältere Anwärter Adonija ausgebootet.

Und hier stoßen wir auch wieder auf Batseba, der Mutter Salomos.

Wenn Nathan zunächst die einsichtige Mutter Salomos, Batseba, anleitet, beschleunigt er damit das Vorgehen um die Thronfolgeentscheidung Davids.

Das Gemach des geschwächten, alternden und ahnungslosen Königs David wird von Nathan und Batseba wieder zur geschichtsträchtigen Bühne gemacht.

Bei der Bestellung Salomos zum Thronfolger gilt Davids

erste Reaktion allein seine Frau Batseba und somit der Mutter des neuen Königs.

Es ist durchaus spannend zu lesen, wie der einst so resolute David jetzt zu einer Entscheidung geleitet werden muss, und auch die Hinführung durch Nathan und Batseba zu dieser Entscheidung lässt sich mit Genuss verfolgen in 1 Kön 1,11-31:

1 Kön 1,11 Da sagte Nathan zu Batseba, Salomos Mutter:
„Hast du nicht gehört, dass Adonija,
der Sohn der Haggit,
König geworden ist
und unser Herr, David, nichts davon weiß?
1 Kön 1,12 Nun komm, ich will dir einen Rat geben,
damit du dein Leben und das Leben deines Sohnes
Salomos retten kannst.
1 Kön 1,13 Auf und geh zum König David und sprich zu ihm:
„Hast du nicht, mein Herr, der König,
deiner Untergebenen geschworen:
„Salomo, dein Sohn soll nach mir König werden!
Er soll auf meinem Thron sitzen. "
Warum ist jetzt Adonija König geworden?"
1 Kön 1,14 Pass auf,
noch während du dann mit dem König redest,
komme ich hinter dir her und bestätige deine Worte. "
1 Kön 1,15 Und so ging Batseba ins Schlafzimmer des Königs.
Der König aber war sehr alt geworden und Abischag aus Schunem betreute ihn.
1 Kön 1,16 Und Batseba verneigte sich

und warf sich vor dem König nieder und der König sagte:
„Was hast du?"
1 Kön 1,17 Und sie sagte zu ihm:
„Mein Herr,
du selbst hast deiner Untergebenen bei der Ewigen,
deiner Gottheit, geschworen:
„Ja, dein Sohn Salomo soll nach mir König werden!
Er soll auf meinem Thron sitzen!"
1 Kön 1,18 Nun aber ist Adonija König geworden
und du, mein Herr, hast es nicht bemerkt.
1 Kön 1,19 Er hat eine Menge Rinder, Mastkälber und
Schafe zum Opfer geschlachtet
und lud dazu alle Kinder des Königs, den Priester
Abjatar und den Heerführer Joab ein.
Deinen Untergebenen Salomo hat er jedoch nicht
eingeladen.
1 Kön 1,20 Und du, mein Herr, der König
– die Augen ganz Israels sind auf dich gerichtet,
damit du ihnen verkündest,
wer auf dem Thron meines Herrn, des Königs,
nach ihm sitzen wird.
1 Kön 1,21 Ansonsten werden ich und mein Sohn Salomo als
Verräterin und Verräter dastehen,
wenn sich mein Herr, der König, zu seinen Müttern und
Vätern legen wird."
1 Kön 1,22 Und plötzlich,
noch während sie mit dem König sprach,
kam der Prophet Nathan hinzu.
1 Kön 1,23 So wurde dem König gemeldet:
„Der Prophet Nathan ist gekommen."

Und er trat vor dem König
und warf sich vor dem König mit seinem Angesicht zur
Erde.
1 Kön 1,24 Und Nathan sagte:
„Mein Herr, der König,
du hast wohl selbst angeordnet:
„Adonija soll nach mir König werden!
Er soll auf meinen Thron sitzen!"
1 Kön 1,25 Ja, heute stieg er nämlich hinab,
er schlachtete eine Menge Rinder, Mastkälber und Schafe
zum Opfer.
Dazu lud er alle Kinder des Königs,
die Kommandanten des Heeres
und den Priester Abjatar ein.
Und sie aßen und tranken mit ihm und riefen:
„Es lebe der König Adonija!"
1 Kön 1,26 Mich aber, der ich dir untergeben bin,
und den Priester Zadok,
Benjahu ben-Jojada
und deinen Untergebenen Salomo hat er nicht
eingeladen.
1 Kön 1,27 Wenn diese Entscheidung von meinem Herrn,
dem König, stammt,
dann hast du deinen Untergebenen nicht wissen lassen,
wer nach ihm auf den Thron meines Herrn, des Königs,
sitzen soll. "
1 Kön 1,28 Und König David antwortete:
„Ruft Batseba zu mir!"
Und sie kam vor den König und trat vor den König hin.
1 Kön 1,29 Da schwor der König:

„So wahr die Ewige lebt
und mein Leben von aller Bedrängnis errettet hat,
1 Kön 1,30 ja,
wie ich dir bei der Ewigen, der Gottheit Israels,
geschworen habe:
„Dein Sohn Salomo soll nach mir König werden!
Er soll auf meinen Thron an meiner Stelle sitzen!"
Dies werde ich heute noch veranlassen."
1 Kön 1,31 Und Batseba berührte mit ihrem Angesicht die
Erde, als sie sich vor dem König niederwarf.
Da sagte sie:
„Mein Herr, der König David, lebe ewiglich!"

Wir sehen, Davids erste Reaktion gilt allein seiner Frau und der Mutter des neuen Königs.

Damit ist die Geschichte Batsebas fast zu Ende erzählt. In den Erzählungen um König Salomo wird sie nicht mehr erwähnt.

Was bleibt bis hierher über diese Frau Batseba festzuhalten:

Eigentlich hat sie immer nur passive Rollen gespielt und wurde nur aufgrund der Initiative anderer aktiv. In die Rolle einer Verführerin passt sie gar, nicht und als Königsmutter und damit mächtigste Frau im Staat wird sie auch nur benutzt, wie wir nachfolgend noch sehen werden. Batseba wirkt auf mich wie ein Schatten, der immer nur dann auftaucht, wenn irgendein Licht zu strahlen beginnt.

Batseba

gereinigt von der Unreinheit der Tage
ins Bett zitiert von einem Gesalbten
geweint als Mutter eines zum Tode Geborenen
gekrönt als Herrscherin eines Volkes
gekürt mit List den Sohn zum König
Batseba, Frau mit vielen Gesichtern
Batseba, Frau ohne Profil und Gesicht
Batseba, konturlos und ohne Esprit
Batseba

Die Frauen Davids
Abischag

Batsebas letzte Erwähnung findet statt im Zusammenhang mit der vierten Frau, von der die Geschichten um David, wenn auch nicht allzu ausführlich, erzählen, von Abischag.

Das 1. Buch der Könige beginnt so:

1 Kön 1,1 König David wurde alt, er kam in die Jahre.
Da hüllten sie ihn in Decken,
doch wurde es ihm nicht mehr warm.
1 Kön 1,2 Und seine Gefolgsleute sagten zu ihm:
„Für meinen Herrn, den König, soll eine junge,
unverheiratete Frau gesucht werden.
Und sie soll vor den König hintreten und seine Pflegerin sein,
sie soll sich an deine Brust legen,
damit meinem Herrn, dem König, warm werde.
1 Kön 1,3 Da suchten sie im ganzen Gebiet Israels nach einer schönen jungen Frau
und fanden Abischag aus Schunem.
Diese brachten sie zum König,
1 Kön 1,4 denn die junge Frau war sehr schön.
Und sie pflegte den König und betreute ihn;
der König aber rührte sie nicht an.

Die Maßnahme, David die Vitalität durch die körperliche Nähe der jungen und schönen Abischag aus Schunem zurückzugeben, mag heute als Missbrauch dieser Frau befremden, entsprach aber damals den Gepflogenheiten und medizinischen Auffassungen.

Da der König nicht mehr zu Kräften kommt, kann Abischag nur noch hilfreich seine Altenpflege übernehmen.

Einen Hinweis darauf haben wir schon in 1 Kön 1,15 gehört.

Und so ging Batseba ins Schlafzimmer des Königs.
Der König aber war sehr alt geworden
und Abischag aus Schunem betreute ihn.

Im 1 Kapitel des Buches der Könige wurde beschrieben, wir haben diese Texte ausgelassen, und nur der Widerhall war in den Versen 24 bis 27 zu hören, dass Davids nächst ältester Sohn Adonija schon alles in die Wege geleitet hatte, um Nachfolger Davids und König über ganz Israel werden wollte.

Mit Davids Verfügung und Willen wurde es aber Salomo.

Adonija fürchtet die Rache Salomos und nimmt Asylrecht im Heiligtum in Anspruch. Die Hörner des Altars sind dessen aufragende Ecken und galten als besonders heilig.

Der anmaßende Adonija hatte aktiv den Thron Davids angestrebt. Der passive Salomo wird aber von David auf diesen Thron gehoben.

Nun schickt der frisch gekürte König in einem ersten Gnadenakt seinen Konkurrenten nach Haus, das heißt: ins Privatleben zurück.

Adonijas Machtstreben bringt aber noch einmal die beiden Frauen Davids Batseba und Abischag in das Rampenlicht der Geschichte.

Wo bei uns hier in erster Linie jetzt Abischag interessiert.

David war gestorben und Salomo setzte sich auf den Thron seines Vaters David, und seine Königsdynastie war fest begründet. So lesen wir in Kapitel 2 des 1. Buches der Könige. Trotzdem probiert Adonija noch einmal einen Putschversuch.

Auch diesmal wird Batseba als Vermittlerin gewählt.

Dazu die Verse 13-25 aus dem 2. Kapitel vom 1. Buch der Könige.

1 Kön 2,13 Und Adonija, der Sohn der Haggit, kam zu
Batseba, der Mutter Salomos.
Da sagte sie:
„Kommst du in Frieden?"
Und er sagte:
„Ja."
1 Kön 2,14 Und er fuhr fort:
„Ich möchte mit dir reden."
Und sie sagte:
„Rede!"
1 Kön 2,15 Da sagte er:
„Du weißt ja, dass mir das Königtum zustand,
auf mich richtete ganz Israel seine Aufmerksamkeit,
dass ich König wurde.
Dann jedoch wandte sich das Königtum von mir ab
und wurde meinem Bruder zuteil.
Ja, die Ewige hatte es ihm zugedacht.
1 Kön 2,16 Nun habe ich eine einzige Bitte an dich,

wende dich nicht von mir ab!"

Und sie sagte zu ihm:

„Rede!"

1 Kön 2,17 Da sagte er:

„Sprich doch mit Salomo, dem König,
denn dich wird er nicht abweisen,
dass er mir Abischag aus Schunem zur Frau gebe."

1 Kön 2,18 Und Batseba sagte:

„Gut, ich werde über dich mit dem König reden."

1 Kön 2,19 Und Batseba ging zu König Salomo,
um mit ihm wegen Adonija zu reden.

Und der König stand auf, um ihr entgegenzueilen,
und warf sich vor ihr nieder.

Dann setzte er sich auf seinen Thron
und ließ auch einen Thron für die Königsmutter
aufstellen.

Und sie nahm zu seiner Rechten Platz

1 Kön 2,20 und sagte:

„Ich habe eine winzige Bitte an dich,
wende dich nicht von mir ab."

Und der König sagte zu ihr:

„Bitte mich nur, meine Mutter,
denn ich werde dich nicht abweisen."

1 Kön 2,21 Und sie sagte:

„Es möge Abischag aus Schunem Adonija, deinem
Bruder, zur Frau gegeben werden."

1 Kön 2,22 Und König Salomo antwortete
und sagte zu seiner Mutter:

„Und warum erbittest du Abischag aus Schunem für
Adonija?

Erbitte doch gleich das Königtum,
denn er ist mein älterer Bruder und hinter ihm stehen der
Priester Abjatar und Joab ben-Zeruja. "
1 Kön 2,23 Da schwor Salomo bei der Ewigen:
„So tue mir die Gottheit und so füge sie noch hinzu,
bei seinem Leben hat Adonija diesen Wunsch
vorgetragen.
1 Kön 2,24 Und nun, so wahr die Ewige lebt,
die mich gefestigt hat
und mich auf den Thron meines Vaters David sitzen lässt,
die nach ihrem Wort für mich ein Haus aufgebaut hat,
fürwahr, noch heute soll Adonija sterben.
1 Kön 2,25 Und König Salomo sandte Benaja ben-Jojada
und der stieß ihn nieder, und er starb.

Diesmal wird Batseba in einer einflussreichen Position dargestellt, nämlich als Königsmutter. Das sehen wir dadurch, dass sie einen Thron zur Rechten des Königs erhält und nicht mehr, wie noch bei David, sich Batseba für dem König verneigt, sondern der König Salomo vor ihr.

Die wahre Absicht hinter Adonijas Bitte bleibt im Dunkeln. Batseba und auch Salomo können sie nur vermuten. Doch als ältester Davidide behauptet Adonija, Hoffnungsträger von ganz Israel gewesen zu sein.

Geht Adonija also wieder mit politischem Kalkül vor oder will er tatsächlich nur die Frau an seiner Seite holen, die für den alternden König David aus dem ganzen Gebiet Israels ausgewählt wurde?

Salomo vermutet hinter der Bitte Adonijas die gleiche Absicht, die Isch-Baal schon dem Feldherr Sauls, Abner, unterstellt hatte, als er behauptet Abner habe ein Verhältnis mit Rizpa, der Nebenfrau Sauls gehabt, nämlich dass Adonija mit Hilfe der letzten Frau König Davids an die Macht kommen will. Zumindest einen Anspruch auf den Königsthron soll diese Heirat begründen. Salomo erblickt in dem Bruder nur den von Parteigängern getragenen Konkurrenten auf das Königtum.

So fährt er die Königsmutter an, vor der er sich gerade noch verbeugt hat.

Angst bestimmt sein Verhalten, Angst den eben erworbenen Königsanspruch wieder zu verlieren. Und deshalb lässt er den vermuteten Gegner schleunigst aus dem Weg räumen.

Und Abischag aus Schunem?

Nichts mehr erfahren wir von ihr oder über sie. Aber einige Aspekte lassen sich vielleicht aus der Geschichte herausinterpretieren.

Wie muss es für ein junges schönes Mädchen aus Schunem gewesen sein, einem alten Mann ins Bett gelegt zu werden?

Und als König David tot ist und Adonija um ihre Hand anhält, war das für sie eine Chance? Oder war sie auch hier nur politischer Spielball als Frau eines toten Königs?

Wir erfahren nichts darüber, den Erzählern der Königsgeschichten ist sie nicht wichtig. Sie verschwindet einfach, ist nur Objekt im Spiel um das Königtum Israels.

Abischag
dreh dich
dreh dich

Abischag
zur schönsten Frau Israels
bist du gekürt

tanze
tanze
Abischag
dem alten König
bist du erwählt

freu dich
freu dich
Abischag
im Hochzeitsgewand
wirst du vor ihn treten

weine
weine
Abischag
du bist nur Wärmflasche
für ihn gedacht

klage
klage
Abischag
schon kurz nach der Hochzeit
wirst du Witwe sein

Die Frauen Davids
Maacha

Von Maacha wissen wir so gut wie nichts.

Es wird nur erwähnt, dass ihr Vater der König von Geschur war, ein Landstrich nordöstlich vom See Genezareth.

Also auch eine Königstochter.

Am meisten erfahren wir von ihrem Sohn Abschalom. Von ihm erfahren wir, dass er außergewöhnlich schön ist, ganz wie sein Vater David.

Ansonsten schildern die Erzählungen ihn als denjenigen, der seinen Halbbruder Amnon tötet, weil der seine Schwester Tamar vergewaltigte.

(Was für ein Drama im Königshaus! Und so etwas lesen wir in der Bibel! Die Vergewaltigung Tamar steht in einem eigenen Kapitel weiter unten.)

Die Geschichten schildern Abschalom als einen, der eine Verschwörung gegen seinen Vater David anzettelt.

Um seine Ansprüche auf den Thron Israels noch zu Lebzeiten Davids zu untermauern, schläft er sogar öffentlich mit den Nebenfrauen seines Vaters, dazu kommen wir aber noch. (Auch ein „Zwischenspiel" weiter unten).

Im Feldzug gegen seinen Vater bleibt er mit seinen Haaren, die als überaus dick und prächtig beschrieben werden beim Reiten in den Ästen eines Baumes hängen und wird gegen Davids Befehl von seinem Feldherrn Joab getötet.

Die Frauen Davids
Haggit

Eine weitere Frau von der wir nichts wissen ist Haggit.

Nur über ihren Sohn Adonija wird ausführlich erzählt, weil er sich eigenmächtig zum König hat ausrufen lassen, aber dann Salomo weichen musste.

Als Adonija die letzte Frau König Davids, Abischag, (s.o.) ehelichen will, aus welchem Grund auch immer, ob aus Liebe oder politischem Kalkül, stirbt er durch das Schwert auf Anordnung Salomos.

Die Frauen Davids
Abital
Egla

Genauso ist nichts in den Samuelbüchern darüber erzählt, was die beiden Frauen Abital und ihr Sohn Schefatja sowie Egla und ihr Sohn Jitream aus Davids Zeit in Hebron angeht.

Namen, die beziehungslos im Raum stehen.

Ebenso wie die Namen der Söhne, die David in Jerusalem geboren wurden: Schammua, Schobab, Natan, Jibhar, Elischua, Nefeg, Jafia, Elischama, Eljada und Elifelet.

Hier hält unsere Erzählung in den Büchern des Alten Testaments nicht einmal die Mütter für erwähnenswert.

Nob

Begeben wir uns aus der Höhe königlicher Frauen zurück an den Anfang der Geschichten um David.

Wir haben schon gehört, dass David vor Saul fliehen musste. Die Gründe dafür sind einerseits klar benannt (Königsdynastie, Unterstützung JHWH's, Geliebter von allen), andererseits liegen vielleicht noch zusätzliche Gründe im Dunklen des Alten Testaments verborgen und verführen zu Spekulationen wie die Vermutung, dass David Sauls Frau Ahinoam seinem König ausspannte.

Um die Geschichten von Saul und David, den beiden Hauptprotagonisten (neben Samuel) in den Samuelbüchern, gibt es aber noch unbekannte, anonyme Frauen, deren Schicksale nur ganz beiläufig Erwähnung findet.

Weiterhin gibt es Episoden, in denen Frauen oder deren Schicksale nur indirekt vorkommen. Und diese Geschichten ziehen sich durch die Davidzeit bis hin zu seinem Tod.

Beginnen wollen wir an dem Punkt, wo David vor Saul flieht und bei Samuel in Rama landet (1 Sam 19,18). Dann nach einem Abstecher zu Jonathan, Saul Sohn (1 Sam 20,1), kommt er nach Nob zu dem Priester Ahimelech (der Name heißt übersetzt: „mein Bruder ist König").

Ahimelech wundert sich, dass David allein ist. Doch der begründet das mit einem Geheimauftrag, den er von König Saul bekommen hätte. Er will sich jedoch später mit seiner Truppe treffen (1 Sam 21,3).

David verlangt von Ahimelech Verpflegung, fünf Brote oder was sich sonst so findet (1 Sam 21,4).

Ahimelech hat aber nur die ausgetauschten „Brote des Angesichts" - auch „Schaubrote" genannt. Die kann er aber nur an die Männer geben, wenn sie sich von Frauen enthalten haben (1 Sam 21,5).

David versichert Ahimelech nicht nur, dass seine Männer keine Frauen berührt haben, sondern auch, dass ihre- so wörtlich - „Organe rein und geheiligt" sind, obwohl sie sich auf einem gewöhnlichen (üblichen) Weg (kein Krieg) befinden (1 Sam 21,6). Daraufhin bekommt David von dem Priester die ausgetauschten „Brote des Angesichts".

Dann fragt er Ahimelech nach Waffen für sich.

Weil die Angelegenheit, für die er im Auftrag Sauls unterwegs ist, so dringend und eilig war, hat er keine seiner eigenen Waffen (wörtlich: Geräte) dabei (1 Sam 21,9). Abimelech gibt ihm das Schwert Goliats, das in einem Mantelstück hinter dem Efod aufbewahrt wird (1 Sam 21,19). Dann bricht David auf.

Wer die Geschichte um David und Goliat gelesen hat, wundert sich bestimmt, dass das Schwert Goliats hier in Nob auftaucht, heißt es doch in 1 Sam 17,54, dass er die Waffen Goliats in sein Zelt legte.

Was außerdem einer Erklärung bedarf ist das Wort „Efod". Im Anhang des Stuttgarter Alten Testaments gibt es ein Alttestamentliches Lexikon in dem der Begriff folgendermaßen erläutert wird:

Für „Efod" gibt es eine dreifache Verwendung des Begriffs:

1. Priesterkleidung aus Leinen (1 Sam 2,18), vielleicht ein Lendenschurz wie er für Ägypten bezeugt ist.

2. Kunstvoll gestalteter Teil des Ornats des Hohen-

priesters (Ex 28,6-14) aus Gold, Purpur und Edelsteinen; darüber trägt der Hohepriester eine Brusttasche mit Lossteinen für die Erteilung von Orakeln.

3. In 1 Sam 21,10 (also genau hier unsere Stelle - Anmerkung von mir) ist wohl ein tragbares Orakelinstrument für den Kult gemeint, vielleicht eine bekleidete oder metallüberzogene Figur, ähnlich ägyptischen Kultbildern.

Wie dem auch sei, genau weiß man anscheinend nicht mehr was so ein Efod darstellte oder wie es aussah.

Die ganze Szene zwischen David und Ahimelech ist nicht verborgen geblieben. Ein Edomiter - Doëg mit Namen - verrät Saul, dass David bei Ahimelech in Nob gesehen wurde.

David habe von dem Priester Brote (Proviant) und Waffen (Schwert Goliats) erhalten. Außerdem soll der Priester für David ein Orakel ein-geholt haben. Saul lässt daraufhin Ahimelech, der hier zusätzlich Sohn Ahitubs genannt wird, seine ganze Familie (sein Haus genannt) und alle Priester aus der Siedlung Nob bei ihm in Gibea antanzen und nach Argumenten hin und her beschließt der König sie alle wegen Unterstützung Davids auf dessen Flucht vor ihm zu töten. Doch Sauls Männer weigern sich gegen JHWH-Priester vorzugehen, so dass Saul diese Aufgabe dem Edomiter Doëg diese Aufgabe überträgt und der bringt mal so eben 85 Männer - alles Priester - um.

Anschließend wird von Doëg die gesamte Ansiedlung Nob niedergemacht: Männer, Frauen, Kinder, Säuglinge, ja selbst das Vieh: Rinder, Schafe und Esel (1 Sam 22,11-19).

Nur ein einziger bleibt von dieser ganzen Ortschaft und der dort lebenden JHWH-Priesterschaft übrig und das ist

Abjatar, ein Sohn Ahimelechs und Enkel Ahitubs, der zu David fliehen kann und grausame Nachricht aus Nob bringt.

Soweit die tragische Geschichte von der Siedlung Nob wie sie im 1. Buch Samuel geschildert wird.

Und weil hier wieder Frauen, ja sogar ganze Familien betroffen sind, wollte ich sie bei meinem Überblick über die Frauen der Samuelbücher nicht außer Acht lassen.

Weil diese Geschehnisse aber noch Unklarheiten, Missverständnisse oder Geheimnisse aufwerfen, gehe ich noch einmal gezielt auf ein paar Einzelheiten ein.

Außer hier im 1. Buch Samuel gibt es die Bezeichnung Nob nur noch beim Propheten Jesaja (Jes 10,32) und im Buch Nehemia (Neh 11,32).

In Jesaja heißt es da, dass jemand in Nob stehen wird und seine Hand gegen Zion, gegen die Höhe Jerusalems, ausstrecken wird. Mehr nicht.

Die Herkunft des Ortsnamens Nob kann nicht bestimmt werden, da er nicht eindeutig irgendeiner hebräischen Wurzel entspricht. Zudem wird dieser Name in der griechischen Übersetzung, der Septuaginta, auch noch verschieden wiedergegeben. Bisher konnte Nob an sich und auch die Lage dieser biblischen Siedlung, die ja anscheinend nur von Priestern und ihren Familien bewohnt wurde auch archäologisch nicht identifiziert werden. Mit dem Text aus Jesaja im Hinterkopf vermutet man den Ort nördlich unmittelbar vor Jerusalem. Vielleicht auf dem Skorpusberg oder am Osthang des Ölbergs.

Nichts Genaues weiß man nicht.

Nob taucht dann ferner noch einmal in einer Aufzählung der Orte des Stammes Benjamins nach dem Exil im Buch

Nehemia (Neh 11,32) auf und zwar zwischen den Orten Anatot und Ananeja. Da man aber bisher auch nicht weiß, wo diese beiden Orte zu finden sind, ist auch diese Angabe wenig hilfreich.

Und in diesem nicht mehr zu identifizierenden Ort stand ein Tempel; denn dort gab es einen Tisch mit den „Broten des Angesichts" - den Schaubroten.

Im Alten Testament ist das Ritual der Schaubrote für das Heiligtum so geregelt, dass 12 ungesäuerte Brotkuchen jeden Sabbat neu bereitet im Heiligtum auf dem Schaubrottisch gemeinsam mit Weihrauch als Opfergaben ausgelegt wurden. Die „alten" Brote waren dann als Teil der Versorgung der Priester und Leviten mit Lebensmitteln gedacht.

Demnach stand in Nob, der Priestersiedlung, mindestens ein Zeltheiligtum, wenn nicht gar ein ein JHWH-Tempel, in dem es einen Tisch mit den Schaubroten gab.

Und dann gibt es noch die Vorschrift in Lev 24,9:

„Sie (die Brote) gehören Aaron und seinen Söhnen (also den Priestern), die sie an einen heiligen Ort essen sollen; denn sie sind für ihn, den Priester, etwas Hochheiliges von den Feueropfern JHWHs - ein ewiges Gesetz"

Also danach hätte Ahimelech nur selbst mit seinen Priesterkollegen die Schaubrote essen und sie keinesfalls an David als Picknichverpflegung ausgeben dürfen.

Auch habe ich nichts in der Tora darüber gefunden, dass die Männer (Priester), die diese Brote essen, sich der Frauen - womit wir wieder beim Thema sind - enthalten müssten.

Diese ganze Szene mit David und Ahimelech, mit den Schaubroten und dem Sexverzicht ist mir also äußerst suspekt. Entweder ist das Ganze eine gute Erfindung, dann aber mit vielen Irritationen, oder die Geschichte beruht auf mündlichen Erzählungen, wobei vieles nicht mehr so ganz nachvollziehbar war. Vielleicht hat aber auch derjenige, der diese Geschichte weitergegeben hat, einfach nicht mehr die wahren Zusammenhänge gewusst und was dahintersteckt.

Interessant ist allerdings noch, dass im Markus-Evangelium genau auf diese Geschichte Bezug genommen wird, wenn es in Mk 2,25-26 heißt:

Mk 2,25 Er antwortete:
Habt ihr nie gelesen, was David getan hat,
als er und seine Begleiter hungrig waren
und nichts zu essen hatten,
Mk 2,26 wie er zur Zeit des Hohenpriesters Abjatar
in das Haus Gottes ging und die Schaubrote aß,
die außer den Priestern niemand essen darf,
und auch seinen Begleitern davon gab?

Hier ist zumindest klargestellt, dass nur Priester die Schaubrote essen durften und der Verzehr nicht verboten war, wenn die Männer vorher Verkehr mit Frauen gehabt hätten.

Trotzdem gibt es auch in diesem Text eine Ungenauigkeit oder einen Fehler: Hoherpriester war da noch Ahimelech, der ja später von dem Edomiter umgebracht wurde. Abjatar war der einzige Überlebende des Massakers von Nob und floh zu David. Da war das mit den Schaubroten längst passé.

Davids Mutter in Moab

Nachdem ich mich lang und breit über die Priestersiedlung Nob ausgelassen habe, obwohl da von Frauen nicht
so viel zu entnehmen ist, jetzt zu einem ganz anderen kurzen
Zwischenspiel.

Obwohl die Sache mit Nob doch ganz interessant ist, wie
ich finde, weil man immer wieder was Neues im dem sogenannten Alten Testament findet.

Bei Vers 1 Sam 22,3 müssen wir uns nicht wundern, denn
die Erkenntnis, die uns dieser Vers vermittelt, ist nicht so
spektakulär: David hatte nicht nur einen Vater, sondern auch
eine Mutter. Und die, nämlich Vater (Isai) und Mutter (?)
bringt er nach Moab in Sicherheit vor der Verfolgung von
Saul.

Der Vers in der revidierten Einheitsübersetzung lautet so:

„Von dort zog David nach Mizpe-Moab und sagte
zum König von Moab:
Dürfen mein Vater und meine Mutter mit euch wegziehen,
bis ich weiß, was Gott mit mir vorhat?"

Wir wollen einmal außer Acht lassen, dass hier steht,
Davids Eltern sollen mit dem König von Moab *wegziehen.*
Was immer das auch bedeuten mag.

Auch will ich nicht darauf eingehen, dass David hier
anscheinend Gottes-Erwählung zum König nicht mehr vor
Augen hat oder in Zweifel zieht oder ..... was auch immer.

Konzentrieren möchte ich mich auf Moab.

Moab gehört, genau wie auch Ammon, zu den Feinden Israels, obwohl sie eigentlich miteinander verwandte sind.

Aber die Bibel erzählt in Gen 19 die ziemliche anrüchige Geschichte von Lot, dem Neffen Abrahams, der vor dem Untergang von Sodom und Gomorra in die Berge flieht. Dessen 2 Töchter (natürlich namenlos) haben die Befürchtung, nie mehr einen Mann zu bekommen. Deshalb machen sie ihren Vater Lot an zwei aufeinanderfolgenden Abenden betrunken und schlafen mit ihm.

Beide Töchter werden von ihrem Vater schwanger.

Die Ältere nennt ihren Sohn Moab (hebräisch: „vom Vater"), die Jüngere nennt ihren Sohn Ben-Ammi (hebräisch: „Sohn meines Volkes").

Moab wird somit als Spross einer inzestuösen Verbindung betrachtet und in Dtn 23,4 kommt diese Abneigung Israels gegen Moab dadurch zum Ausdruck, indem es dort heißt: „.....niemals dürfen die Nachkommen in die Versammlung JHWHs kommen."

In der Stuttgarter Kommentierung zum Alten Testament heißt es zu 1 Sam 22,3, dass die „Verbindung Davids zu einem Volk (Moab), welches zu den Feinden Israels zählt, *eigenartig* ist."

Das wiederum finde ich eigenartig.

Denn im Alten Testament, genauer gesagt im Buch Rut, wird die Geschichte der Noomi und ihrer Schwiegertochter Rut erzählt.

Rut ist Moabiterin.

Sie ist Mutter des Obed, Großmutter Isais und Urgroßmutter Davids.

Was soll also eigenartig daran sein, wenn David Vater

und Mutter zu dem Volk bringt, aus dem seine Urgroßmutter stammt. Aber Davids Verhältnis zu Moab wird sehr
ambivalent dargestellt; denn nur wenige Kapitel später, als
über die Kriege Davids in seiner Zeit als König in Jerusalem
erzählt wird, und zwar in 2 Sam 8,2 heißt es:

„Auch die Moabiter schlug er (David).
Sie mussten sich nebeneinander auf die Erde legen
und er maß die Reihe mit einer Messschnur ab:
Jeweils zwei Schnurlängen wurden getötet
und jeweils ein volle Schnurlänge ließ er am Leben.
So wurden die Moabiter David untertan
und tributpflichtig. "

Selbst wenn sie vorher Verwandte und doch generell
Feinde waren, ist die Grausamkeit dieser Vorgehensweise
für uns heute unerklärlich.

Und dann soll das alles auch noch mit JHWHs Hilfe statt-
gefunden haben.

Es ist nicht zu glauben, was so alles in der Bibel steht.

Die Söhne der Zeruja

Wer ist eigentlich dieser Joab?

Davids Feldherr wird er genannt.

Selbst als David ihn absetzt und einen jüngeren Verwandten mit Namen „Amasa" als Feldherr an seine Stelle setzt, bleibt Joab einfach weiter Davids Feldherr. Er stürzt seinen Nachfolger einfach in sein Schwert und bringt ihn um, während der eigentlich nur einen Begrüßungskuss erwartete.

Dies und einiges mehr geht auf die Kappe des Joab.

Selbst vor dem Mord an Abschalom, dem Sohn Davids, bei dessen Aufstand gegen seinen Vater, schreckt er trotz ausdrücklichen, gegenteiligen Befehls des Königs nicht zurück.

Doch alles, was er tut, bleibt ohne direkte Konsequenzen für ihn und zu seinem Verhältnis zum davidischen Königshaus.

Joab wird ebenso wie seine beiden Brüder Abischai und Asaël als Sohn der Zeruja bezeichnet. Von einem Vater ist bei den dreien nie die Rede.

Und die Frau Zeruja tritt selbst an keiner Stelle in Erscheinung.

Eine spätere Tradition ordnet sie als Schwester David zu.

Joab war also Davids Neffe.

Näheres erfahren wir dazu aus 1 Chr 2,16, wo es heißt:

„Ihre Schwestern (der Söhne Davids) waren
Zeruja und ..."

Wenn von den Söhnen die Rede ist, wird durchgängig auf die Mutter verwiesen.

„Die Söhne der Zeruja" spielen in der Geschichte Davids eine zwiespältige Rolle.

In 1 Sam 26,6 sind Abischai und Joab zum ersten Mal in der unmittelbaren Umgebung Davids zu finden.

Ab 2 Sam 2 erweisen sich diese beiden - der dritte Sohn Asaël wird bei einem Gemetzel zwischen Israel und Juda von Saul Feldherr Abner getötet) - dann aber vor allem Joab als mächtige, brutale und skrupellose Männer, die zwar immer zu Gunsten von Davids Machtergreifung und später Davids Königtums handeln, dabei aber auch immer zu Mitteln greifen, die David (zumindest in dem uns vorliegenden Text) weitgehend ablehnt.

Man könnte böswillig behaupten, sie machten für David die „Drecksarbeit", damit er ohne Makel bleiben konnte.

David ist sich der Verselbstständigung seiner beiden bzw. drei Verwandten im Bezug auf die Interessen seines Königtums bewusst. Mehrmals hört man ihn förmlich nach Aktionen der Söhne der Zeruja aufstöhnen:

„Was habe ich mit euch zu schaffen ....."

Das klingt gewaltig wie eine Art Resignation und gipfelt an seinem Lebensende in der Aufforderung an seinen Sohn und Nachfolger Salomo, den Joab, den Sohn der Zeruja, nicht eines natürlichen Todes sterben zu lassen.

Davids Raubzüge - viele Tote

1 Sam 27 ist ein Kapitel, welches für viele David-Fans nicht einfach zu verdauen ist. Nicht nur, dass David auf seiner ständigen Flucht vor Saul zu den Erzfeinden Israels/ Judas, den Philistern, nach Gat zu dem König Achisch flieht; wesentlich schlimmer ist die Tatsache, die in den Versen 8 bis 11 geschildert wird, dass aus einer „Räuberbande" eine „Mörderbande" wird.

Was bedeutet das aber für unser Thema „Frauen"?

Lesen wir erst einmal die entsprechenden Verse:

1 Sam 27,8 Und David und seine Leute
(600 Männer wie es in Vers 2 heißt)
zogen hinauf und überfielen das geschuritische,
das girsitische und das amalekitische Volk.
Diese nämlich bildeten seit Urzeiten die Bewohnerschaft
des Landes Richtung Schur und nach Ägypten hin.
1 Sam 27,9 So schlug David das Land und ließ weder Mann
noch Frau am Leben. Aber er nahm Schafe, Rinder, Esel
und Kamele und Kleidungsstücke mit.
Dann kehrte er zu Achisch zurück.
1 Sam 27,10 Wenn Achisch sagte:
„Wen habt ihr heute überfallen?",
sagte David:
„Das Südland von Juda, das Südland der Jerachmeëliter
und das Südland der Keniter.

1 Sam 27,11 David ließ weder Mann noch Frau am Leben,
so dass er sie nach Gat gebracht hätte, weil er dachte:
„Dass sie nicht gegen uns aussagen können:
So hat David gehandelt!"

David will dem Philisterkönig seine Loyalität unter Beweis stellen. Deshalb überfällt er mit seiner Bande Nomaden, die im Negev leben.

Die Beute teilt er sich mit seinen Leuten und mit seinem philistäischen Schutzherrn. Dem gegenüber behauptet er allerdings, er hätte seine eigenen Stammesverwandten, bzw. deren befreundete oder mit ihnen verbündete Gruppen überfallen. Und weil er keine Gefangenen macht, gibt es keine Überlebende. Seine Bande geht also mit größter Brutalität vor und tötet alles: Männer, Frauen, Kinder. So kommt er mit seinem Betrug durch.

Also auch hier sind wieder viele Frauen ungenannte Opfer.

In diesem Zusammenhang stellt sich nicht zum ersten Mal die Frage: Wie historisch, wie geschichtlich sind eigentlich die ganzen Erzählungen der Samuelbücher?

Also, was stimmt davon?

Was wurde einfach nur erfunden, weil es den Erzählern so in den Kram passste?

Welche Aussagen stecken eigentlich hinter solchen Geschichten?

Eine ganz einfache Antwort darauf: Man weiß es nicht!

Sicher kann die Exegese (Bibelwissenschaft) das eine oder andere als Verkündigungsgeschichte, als Theologie, als wissenschaftlich nicht haltbar oder als historisch schwer feststellbar klassifizieren.

Aber, ob manches so stimmt, wie wir es da lesen?

Nur ein kleines Beispiel:

Im Vers 1 Sam 27,9 haben wir gelesen: „Aber er nahm Schafe, Rinder, Esel und Kamele und Kleidungsstücke mit."

Man vermutet die Davidzeit um das Jahr 1000 vor Christus. Kamele wurden aber erst im Lauf des 9. Jahrhunderts vor Christus domestiziert. Das passt etwas nicht. Wie kann David und seine Leute Kamele von Nomaden mitgehen lassen, wenn es zu der Zeit nur wilde Kamele gab?

Aber halten wir uns damit nicht auf! Und seien wir ehrlich, auch wenn so manches frei erfunden ist, spannend zu lesen ist es allemal und auch gut vorstellbar, wenn auch nicht historisch relevant.

Ich komme konkret an dieser Stelle auf die Geschichtlichkeit zu sprechen, weil diese Episode aus Davids „farbenfrohes" Leben mit an Sicherheit grenzenden Wahrscheinlichkeit weder für die Erzähler der Geschichte, noch für das altisraelitische Publikum einfach zu verdauen war. David eineinhalb Jahre beim Erzfeind, David als Anführer einer Mörderbande. Diese Geschichte tut aber alles dafür, um das positive Davidbild nicht zu trüben. Gerade weil er sich beim Erzfeind aufhält und dabei ungeschoren herauskommt, ist diese Episode vielleicht gar nicht so einfach erfunden, sondern spiegelt ein Bild einer historischen Wirklichkeit wieder.

David schadet in Juda niemanden, ja, er betrügt seinen philistäischen „Lehnsherrn" Achisch, indem er ihm vorgaukelt, bei seinen Stammesverwandten Beute zu machen.

Und niemand bleibt übrig, etwas anderes zu behaupten.

All diese Toten: Männer, Frauen, Kinder, die auf Davids Konto gehen, spielen keine Rolle.

Die Totenbeschwörerin von En-Dor
oder vielleicht besser
Die weise Frau aus En-Dor

Was jetzt folgt, ist eine ganz unglaubliche Geschichte, die wohl kaum jemand in der Bibel vermutet. Und die Geschichte dieser Frau beginnt, wie soll es auch anders sein, mit einem Mann.

Mit Saul.

Und dieser Saul - König von Israel - ist am Ende, sowohl physisch als auch psychisch.

Wieder einmal sind es die Philister, die Hauptfeinde Israels, die Saul vor schwere Probleme stellen. Früher, in seiner ersten Zeit als König, hätte er Hilfe und Rat eingeholt bei Samuel, dem Richter und Propheten, seinem väterlichen Freund und Gönner.

Und der hätte durch Orakel JHWH im Namen Sauls befragt.

Doch beide Quellen gibt es für den König nicht mehr.

Samuel ist tot.

Und JHWH schweigt!

JHWH hat Saul als König verworfen und schon längst einen Nachfolger salben lassen.

Und darum macht der verzweifelte Saul etwas, um sich bei seinem toten Freund und Mentor Rat zu holen, was im Rahmen der alttestamentlichen Religion an und für sich als unmöglich gelten muss: Er besucht eine Frau, um mittels einer Totenbefragung mit dem verstorbenen Samuel Kontakt aufzunehmen.

Unabhängig davon, dass Totenbeschwörung und Wahrsagerei im gesamten Mittelmeerraum praktiziert wurden, werden sie von der Theologie des Deuteronomisten als verbotene Praktiken tituliert, wie nachzulesen ist an den Stellen Lev 19,31 und Dtn 18,10f. Totenbeschwörung und Wahrsagerei sind nicht vereinbar mit dem Glauben an den Gott JHWH. Für den JHWH-Glauben stehen Träume, Losorakel und Prophetie als legitime Befragungen Gottes zur Verfügung.

Die Tatsache also, dass hier eine Geschichte einer Totenbeschwörung erzählt wird, obwohl sie im Rahmen der damaligen israelitischen Vorstellung unmöglich gewesen sein sollte, könnte demnach ein Indiz dafür sein, dass hier eine uralte historische Quelle erzählt wird.

Und wie sehr sich die Überlieferung und die christliche Verkündigung bis vor ein paar Jahrzehnten noch von dieser Geschichte distanzierte, ergibt sich daraus, dass immer eindeutig negativ von der „Hexe von En-Dor" gesprochen wurde.

Aber kommen wir zu 1 Sam 28 und der dort erzählten Geschichte.

Zunächst ist hier bemerkenswert, dass Saul aus Anlass eine Totenbefragung durchzuführen, von vorne herein eine Frau aufsuchen muss. Es wird also sozusagen vorausgesetzt, dass dieser Ritus von Frauen ausgeführt wird.

Wir kennen im Alten Testament Frauen, die im weitesten Sinn kultische oder religiöse Funktionen ausübten. Zum Beispiel in Richter Kapitel 4 lesen wir von Debora, die als Richterin oder Retterin betitelt wird. Oder im Buch Exodus in Kapitel 15 Vers 20. Hier wird Mirjam, die Schwester

Mose, als Prophetin bezeichnet. Gleich gilt im 2. Buch der Könige in Kapitel 22 Vers 14 von der Frau Hulda, auch eine Prophetin.

Demgegenüber gibt es keine „Priesterinnen", also die feminine Form des hebräischen Wortes „kohen", was übersetzt „Priester" heißt.

So können wir feststellen, dass Frauen in den Büchern des Alten Testaments durchaus charismatische, nicht institutionalisierte Aufgaben wahrnehmen konnten.

Was können wir weiter aus der Geschichte lesen.

Es wird gesagt, dass die Frau einen „Ob" besitzt, aber nicht dass sie von ihm besessen wurde. Bei dieser Art der Totenbeschwörung handelt es sich also nicht um einen Besessenheitskult. Jenseits aller Spekulation, was ein „Ob" ist oder war, können wir davon ausgehen, es handelt sich um ein wie auch immer geartetes Mittel, das eine Totenbefragung ermöglichte.

Saul jedenfalls befiehlt ihr: „Gib mir Orakel (qsm) durch (be) einen Ob und lasse heraufsteigen zu mir, wen ich dir sage!" Saul hat in seiner letzten Verzweiflung diese Frau aufgesucht und zwar, wie es heißt, in der Nacht. Das kann zweierlei Gründe haben. Einmal, dass er vielleicht nicht gesehen werden wollte, da er ja Totenbefragungen unter Todesstrafe verboten hatte, wie die Frau ihm klar vorwirft. Zum anderen kann ein Grund sein, dass die Nacht vielleicht die günstigere oder allein geeignete Zeit war für eine Totenbefragung.

Wenn Saul diese „Obot" (hebräisch Mehrzahl von „Ob") genannten Einrichtungen nicht nur verboten, sondern ausgerottet hatte, muss es sich dabei um etwas handeln, dass explizit zerstört werden musste, um unbrauchbar zu sein.

Saul hat sich verkleidet, deshalb erkennt ihn die Frau nicht, außerdem ist es ja dunkel. So beginnt die Frau denn mit den notwendigen rituellen Handlungen.

Und?

Wer jetzt ganz gespannt weiterliest, um in Erfahrung zu bringen, wie die Frau eine Totenbeschwörung vollzieht, wird schwer enttäuscht.

Nichts!

Das jetzt wahrscheinlich folgende Ritual ist nur recht fragmentarisch geschildert.

Weshalb?

Auch das ist erstaunlich und deutet wohl auf eine allgemeine Umbruchsituation hin, weil der Schreiber unseres Textes bei seinen Lesern, wesentliche Kenntnisse des Ganzen voraussetzt. Und wir, die wir diese Kenntnis nicht haben, sind entsprechend enttäuscht. Uns fehlt ein wesentliches Stück des ganzen Vorgangs.

So ist die Fortsetzung der Geschichte ziemlich nebulös und wird gedeutet werden müssen.

Als Erstes fragt die Frau Saul, wen sie für ihn denn aus dem Totenreich heraufholen soll.

Und Saul antwortet: Samuel!

Als der Zitierte dann auch tatsächlich erscheint, ist er aber wohl nur für die Frau sichtbar.

Und sie stößt einen lauten Schreckensschrei aus.

Warum erschrickt die Frau?

Saul, der den erschienenen Samuel nicht sieht, muss sich extra bei der Frau erkundigen, wen oder was sie sieht.

Und die Frau antwortet rätselhaft: „Elohim („Götter" oder hier besser „eine Gottheit") habe ich aufsteigen sehen von der Erde."

Irgendetwas an dieser Götter/Gottheit-Erscheinung hat der Frau die Gewissheit verschafft, dass ihr Kunde wohl Saul ist. Was das Erkennen und der damit verbundene Schreckenschrei verursacht haben könnte, geht aus dem Text nicht hervor. Darüber lässt sich nur spekulieren.

Zwei Spekulationen, die ich bei Ina Willi-Plein in ihrem Buch „Opfer und Kult im alttestamentlichen Israel" gefunden haben, sprechen mich da am meisten an.

Zum einen könnte die Götter/Gottheit-Erscheinung sich der Frau so präsentiert haben, dass sie aus ihrem Verhalten erkennt, ihr Kunde sei Saul.

Zum anderen könnte der heraufgeholte Tote eine charakteristische Handlung oder Gebärde (z.B. Ehrfurchtsbezeugung) vollzogen haben, die aus seinem früheren Umgang mit dem König bekannt war.

Saul aber kann ihn immer noch nicht sehen, weshalb er fragt, wie die erschienene Person denn aussähe. Die Frau beschreibt daraufhin den Toten als alten Mann, der heraufsteigt und einen Mantel trägt.

Das ist für Saul der Knackpunkt.

Ob nun Priesterkleidung oder Prophetenmantel, egal, Saul erkennt ihn als Samuel.

Und er fällt der Länge nach hin. Vers 20 lässt dabei offen, ob es aus Angst ist vor einem Wesen aus der Scheol (Unterwelt), ob er Furcht hat vor den Worten, die Samuel ihm mitteilen wird, oder ob er körperlich so schwach ist, weil er den ganzen Tag nichts gegessen hat.

Der König erfährt nichts Neues von seinem alten Mentor. Und als die Befragung mit den deprimierenden Ergebnissen zu Ende ist, bietet die Frau Saul ein kräftiges und üppiges Mahl an.

Wobei auch hier der Text den Grund offen lässt.

War das Angebot deshalb, weil der Schwächeanfall dem gesunden Menschenverstand sagte, dass Saul essen musste?

Gehörte es einfach zur Gastfreundschaft der Frau, besonders wenn man den König zu Gast hatte?

Oder gehörte ein anschließendes gemeinsames Mahl mit zu der gesamten Zeremonie, um zum Abschluss einer Totenbefragung das Leben zu feiern? Totenmähler im Angesicht der Verstorbenen waren auch bei vielen Nachbarvölker Sitte (z.B. später bei den Nabatäern).

All das geht aus dem Text nicht hervor.

Jedenfalls nimmt Saul nach anfänglichem Zögern ein üppiges Mahl zu sich.

Dann verschwindet Saul mit seinen Begleitern (wo waren die eigentlich in der Zwischenzeit) im Dunkel der Nacht seinem Schicksal entgegen.

Und von der Frau und ihrem „Ob" hört man nichts mehr.

Sie hat noch nicht einmal einen Namen.

Dann kam mir der Gedanke, dass eine Geschichte einer Frau von En-Dor ohne Namen viel spannender und geheimnisvoller sich liest als dieselbe Geschichte mit Namen, z.B. Mirjam von En-Dor. So bleibt nicht nur das Ritual, welches die Frau ausführte im Dunkel der Vergangenheit verborgen, sondern die ganze Frau selbst.

An diesem Punkt sollte ich Sie so neugierig gemacht haben, dass Sie darauf brennen, die ganze Geschichte einmal im Zusammenhang zu lesen.

Schlagen Sie Ihre Bibel auf zum 1 Buch Samuel Kapitel 28 und lesen Sie dort ab Vers 4.

Lassen Sie sich einfangen von einer schaurig schönen Erzählung und tauchen Sie ein in eine uralte Welt der biblischen Geschichten.

Einfacher ist jedoch, jetzt 1 Sam 28,4-25 gleich hier zu lesen:

1 Sam 28,4 Da sammelten sich die Philister.
Sie kamen und hatten ihr Lager bei Schunem.
Und Saul sammelte ganz Israel
und sie lagerten im Gebirge Gilboa.
1 Sam 28,5 Als Saul das Heer der Philister sah,
bekam er Angst, und sein Herz zitterte sehr.
1 Sam 28,6 Saul befragte den Heiligen,
aber der Heilige antwortete ihm nicht, weder durch Träume, noch durch Losorakel oder Prophetie.
1 Sam 28,7 Da sagte Saul zu seinen Leuten:
„Sucht mir eine Frau, die Totengeister beschwört.
Ich will zu ihr gehen und sie befragen.“
Seine Leute sagten zu ihm:
„Sieh, es gibt eine Totenbeschwörerin in En-Dor.“
1 Sam 28,8 Saul verkleidete sich,
er zog sich andere Kleider an
und ging zusammen mit zwei Männern
und sie kamen zu der Frau bei Nacht.
Er sagte:

„Wahrsage mir doch durch einen Totengeist,
hol mir den herauf, den ich dir nennen werde."
1 Sam 28,9 Die Frau sagte zu ihm:
„Pass auf, du weißt, was Saul getan hat:
Er hat die Totenbeschwörung und die Wahrsagerei aus
dem Land beseitigt.
Warum stellst du meinem Leben eine Falle, so dass du
mich töten wirst?"
1 Sam 28,10 Saul schwor ihr bei dem Heiligen:
„So wahr der Heilige lebt,
es soll dich wegen dieser Sache keine Schuld treffen."
1 Sam 28,11 Da sagte die Frau:
„Wen soll ich dir heraufholen?"
Er sagte:
„Hole mir Samuel herauf."
1 Sam 28,2 Als die Frau Samuel sah, schrie sie laut auf.
Die Frau sagte zu Saul:
„Warum hast du mich getäuscht? Du bist Saul!"
1 Sam 28,13 Da sagte der König zu ihr:
„Fürchte dich nicht!
Was siehst du denn?"
Die Frau sagte zu Saul:
„Ich sehe eine Gottheit (elohim) aus der Erde
aufsteigen."
1 Sam 28,14 Er sagte zu ihr:
„Wie ist ihr Aussehen?"
Und sie sagte:
„Ein alter Mann steigt auf
und er hüllt sich in einen Mantel."
Da wusste Saul, dass es Samuel war.

Er fiel auf die Knie, Gesicht auf die Erde,
und warf sich nieder.
1 Sam 28,15 Samuel sagte zu Saul:
„Warum hast du mich gestört,
um mich zu dir heraufzuholen?"
Saul aber sagte:
„Ich bin in großer Not!
Die Philister führen Krieg gegen mich, und Gott hat sich
von mir abgewandt und antwortet mir nicht mehr,
weder durch Prophetie noch durch Träume.
So habe ich dich gerufen, dass du mich wissen lässt,
was ich tun soll."
1 Sam 28,16 Samuel sagte:
„Warum willst du mich fragen,
wo der Heilige sich von dir abgewandt hat
und dein Feind geworden ist?
1 Sam 28,17 Der Heilige hat dir das angetan,
was er durch mich gesagt hat,
und hat dir das Königtum aus der Hand gerissen
und es deinem Nächsten, nämlich David, gegeben.
1 Sam 28,18 Weil du nicht auf die Stimme des Heiligen gehört
und seinen glühenden Zorn nicht an Amalek ausgelassen
hast, deshalb tut der Heilige dir diese Sache an.
1 Sam 28,19 Der Heilige wird auch Israel mit dir zusammen
den Philistern in die Hand geben;
morgen werden du und deine Söhne bei mir sein,
und auch das Heer Israels wird der Heilige den
Philistern in die Hand geben."
1 Sam 28,20 Augenblicklich fiel Saul der Länge nach auf die
Erde und hatte große Angst vor Samuels Worten,

und er hatte auch gar keine Kraft mehr in sich,
denn er hatte nichts gegessen den ganzen Tag und die
ganze Nacht.
1 Sam 28,21 Als die Frau zu Saul kam und sah,
dass er sehr erschrocken war, sagte sie zu ihm:
„Pass auf, deine Dienerin hat auf deine Stimme gehört.
Ich habe mein Leben riskiert und habe getan,
was du mir gesagt hast.
1 Sam 28,22 Aber jetzt:
Hör doch auch du auf die Stimme deiner Dienerin.
Ich will dir einen Bissen zu Essen vorsetzen,
und du sollst essen.
Du musst zu Kräften kommen, damit du dich auf den Weg
machen kannst.“
1 Sam 28,23 Er weigerte sich und sagte:
„Ich will nicht essen.“
Aber seine Leute drängten ihn, und auch die Frau.
Da hörte er auf sie.
Er stand von der Erde auf und setzte sich aufs Bett.
1 Sam 28,24 Die Frau hatte ein Mastkalb im Haus, das
schlachtete sie schnell, und sie nahm Mehl
und knetete und backte ungesäuerte Brote.
1 Sam 28,25 Das tischte sie Saul und seinen Leuten auf,
und sie aßen.
Dann machten sie sich auf und gingen in dieser Nacht.

Die Totenbeschwörerin

Diese schwärzeste Nacht wird sie nie vergessen,
als dieser Mann plötzlich vor ihr stand.
Die "Gabe" hat sie schon immer besessen,
doch dieser Mann war ihr nicht bekannt.

Voll Furcht sah sie in sein fahles Gesicht;
denn, was er verlangte, war nicht gut.
Doch sprach Verzweiflung im kargen Licht;
doch stand der Tod auf dem, was sie für ihn tut.

Einen Totengeist soll sie für ihn holen;
sein letzter verzweifelter Versuch.
Sie mustert ihn bei dieser Bitte verstohlen;
denn er selbst verströmt schon Todesgeruch.

Sie weigert sich erst, doch er zerstreut ihre Bedenken
und schließlich beginnt sie die Zeremonie;
beginnt ihren Geist in die Scheol zu senken,
doch was sie beschwört, erschrecket sie.

Einen Totengeist sieht sie, er steigt aus der Erde
und spricht mit dem, der sie dazu zwang.
Der will genau wissen, was ist und was werde.
Sie flüstern hektisch, doch sie reden nicht lang.

Der Totengeist steigt schnell wieder hinab,
ins schwarze Dunkel, woher er kam
die Frau ist erleichtert, müde und matt,
der Mann, der sie zwang, jede Kraft ihr nahm.

Sie hat es getan, wie schon lange nicht mehr,
ließ einen Toten aus der Grube erstehen.
Sie spürt kein Verlangen danach und ist leer,
möge die Nacht schnell vorübergehen.

Sie wurde schon Hexe genannt für die "Gabe",
die Toten zu holen aus ihrem Reich.
Am nächsten Tag wird sie nehmen die Habe
und ein paar Münzen und verschwinden sogleich.

Merib-Baals Amme

Im Folgenden behandele ich in einigen kurzen Kapiteln Frauen aus den Samuelbüchern, die nur mal eben und meist namenlos erwähnt werden.

Zum Beispiel die Amme von Jonatans Sohn, der im Text Mefi-Boschet genannt wird, aber wohl Merib-Baal hieß, hat bei der Nachricht von Sauls und Jonatans Tod vor Schreck den kleinen Enkel Sauls aus ihren Armen fallen lassen, so dass er „lahm wurde".

Eine nicht vorhandene Türwächterin

Natürlich handelt es sich bei der folgenden Geschichte wieder um Mord und Totschlag. Im Einzelnen geht es darum, dass zwei Attentäter - Rechab und Baana - in das Schlafgemach des residierenden israelitischen Königs Isch-Baal (= Mann des Baal; auch wird er in Verbalhornung Isch-Boschet = Mann der Schande genannt), der ein Sohn Sauls ist, eindringen und ihn töten. Sie schlagen seinen Kopf ab, den sie später als Trophäe zu David bringen.

In dieser Erzählung weicht der Text im Vers 2 Sam 4,6 der hebräischen Bibel sehr stark vom Text des Versen in der griechischen Übersetzung, der Septuaginta, ab.

Zu dem griechischen Text von der Türhüterin, die bei der Trennung von Weizenkörnern und Spreu schläfrig wird (seit wann macht so etwas eine Türhüterin), die dann einschläft und von den Attentätern erschlagen wird, steht der hebräische Text im Widerspruch.

Die griechische Fassung lautet so:

2 Sam 4,6 Die Türhüterin des Hauses war beim Weizenreinigen schläfrig geworden und eingeschlafen;

Die alte Einheitsübersetzung hat diesen Vers so übernommen. In der hebräischen Bibel ist von einer Frau nicht die Rede. Derselbe Vers 6 heißt dort:

2 Sam 4,6 Sie waren als Weizenträger bis ins Innere des Hauses gelangt und führten einen Schlag gegen seinen

Unterleib.
Rechab und Baana brachten sich in Sicherheit.

Und so steht der Vers heute auch in der revidierten Einheitsübersetzung.

Bei dieser Version kann man vielleicht richtigerweise unterstellen, dass vor dem Schlafgemach des als ängstlich beschriebenen Königs wohl standesgemäß eine Türwache stand, die eingeschlafen war und mit einem Schlag in den Unterleib ausgeschaltet wurde.

Die Version mit der Türwächterin dagegen, die die Spreu vom Weizen trennt, macht dagegen keinen Sinn.

So haben wir uns hier mit einer Frau beschäftigt, die gar nicht vorkommt.

Ein Schaf wie eine Tochter
- nur ein Vergleich!

Der Prophet Natan wird zu David geschickt.

Der hat gerade Batseba zur Frau genommen und vorher ihren Ehemann Urija ermorden lassen.

Natan erzählt David eine Parabel, um ihm sein Fehlverhalten deutlich zu machen. Dabei greift er zu einer Beschreibung, die mehr als fragwürdig ist.

Zunächst zeichnet er einen Reichen und sagt, dieser besaß sehr viele Schafe und Rinder.

Dem stellt er gegenüber einen Armen, der nur ein Lamm besitzt.

Und ganz gleich, was Natan mit dieser Parabel von David wollte, finde ich den Vers 2 Sam 12,3 doch ziemlich .....

Aber lesen Sie selbst:

2 Sam 12,3 Der Arme hatte gar nichts außer einem kleinen Lamm, das er gekauft hatte.
Das zog er auf und es wurde groß bei ihm,
zusammen mit seinen Kindern.
Es fraß von seinem Bissen und trank aus seinem Becher,
es lag in seinem Schoß und war für ihn wie eine Tochter.

Von mir dazu: kein Kommentar.

Die „zehn" Nebenfrauen Davids

oder

Natans Fluch

Davids Mord an Urija, so besagt es der Natanfluch, ist ein Wendepunkt im Leben des Königs. Sein Haus (sprich: seine Familie) soll künftig von Gewalttat bestimmt sein.

Gleiches soll mit Gleichem vergolten werden.

Natan ergeht sich jedoch nicht nur in vagen Andeutungen, Natan wird auch konkret. Die Verse 2 Sam 12,10-12 geben das wieder:

2 Sam 12,10 *Darum soll jetzt das Schwert auf ewig nicht mehr von deinem Haus weichen;*
denn du hast mich verachtet
und dir die Frau des Hetiters genommen,
damit sie deine Frau werde.
2 Sam 12,11 *So spricht der HERR:*
Ich werde dafür sorgen,
dass sich aus deinem eigenen Haus das Unheil gegen dich erhebt,
und ich werde dir vor deinen Augen deine Frauen wegnehmen und sie einem anderen geben;
er wird am hellen Tag bei deinen Frauen liegen.
2 Sam 12,12 *Ja, du hast es heimlich getan,*
ich aber werde es vor ganz Israel und am hellen Tag tun.

Soweit die Prophezeiung durch Natan.

Dass sie Realität wird, dafür sorgt David selbst.

Er muss beim Aufstand seines Sohnes Abschalom aus Jerusalem fliehen. Und in Vers 2 Sam 15,16 heißt es dazu unter anderem:

2 Sam 15,16 So zog der König davon,
und sein ganzer Hofstaat hinter ihm her.
Doch ließ der König zehn Nebenfrauen zurück,
um den Palast zu hüten.

Da rückt Abschalom mit seinem ganzen Heer auf Jerusalem zu, um David zu stürzen und selbst König zu werden, und da lässt David zur Bewachung seines Hauses (= Palast) zehn Frauen zurück? So gesehen könnte man zu dem Schluss kommen, David ist nicht mehr Herr seiner selbst und total realitätsfremd.

Wenn man dann aber genau im Anschluss an diesen Vers die Stelle 2 Sam 16,22-22 liest, sieht man, dass mit diesen zehn Nebenfrauen, die David zurücklässt, sich schon die Prophezeiung Natans zum Teil bewahrheitet.

Abschalom ist in Jerusalem angekommen und in den Palast seines Vaters eingezogen und selbst von Getreuen und Freunden Davids als neuer König gefeiert worden. Und da fragt er wie ein kleiner Junge: „Was sollen wir jetzt tun?

Er bekommt einen Ratschlag. So lesen wir an der betreffenden Stelle was er unter anderem tun soll:

2 Sam 16,21 Da sagte Ahitofel zu Abschalom:
„Schlaf mit den Nebenfrauen deines Vaters,
die er zurückgelassen hat, um den Palast zu hüten.

Dann hört ganz Israel, dass du dich bei deinem Vater
verhasst gemacht hast,
und der Mut derer, die bei dir sind, wird gestärkt. "
2 Sam 16,22 So schlug man für Abschalom das Zelt auf dem
Dach auf,
und Abschalom schlief mit den Nebenfrauen seines Vaters
vor den Augen von ganz Israel.

Ob die Frauen sich gewehrt haben?
Ob er sie alle hintereinander vergewaltigte?
Wie diese Frauen sich wohl hinterher fühlten?
Zumindest was aus ihnen wurde, oder besser, was mit ihnen weiter geschah, erzählt die Bibel. Und wem wundert es: Für die Frauen endete die ganze Sache natürlich tragisch.
Den entsprechenden Vers will ich hier nur zitieren und mich aller Spekulationen und Kommentierungen enthalten, es ist einfach nur traurig.

2 Sam 20,3 Als David zurück in sein Haus in Jerusalem kam,
nahm der König die zehn Nebenfrauen,
die er zurückgelassen hatte, das Haus zu hüten,
brachte sie in ein eigenes Haus in Gewahrsam
und versorgte sie dort.
Aber er schlief nicht mehr mit ihnen.
So waren sie eingeschlossen bis zum Tod,
in Witwenschaft zu Lebzeiten.

Doch noch einen Satz.

Die Geschichte der zehn Nebenfrauen Davids zeigt in ein paar kurzen Versen auf, dass der Machtkampf zwischen Männern zum Teil auf dem Rücken der Frauen ausgetragen wurde.

Die Vergewaltigung Tamars

Ab 2 Samuel 13 beginnen die sogenannten Thronfolge-geschichten.

Und die beginnen mit einem sehr düsteren Kapitel: näm-lich der Vergewaltigung der Tochter Davids mit Namen Tamar (heißt übersetzt: Palme) durch ihren Halbbruder Amnon.

Diese Vergewaltigung ist - ebenso wie Davids sexuelle Beziehung zu Batseba - nicht nur Ausdruck sexueller Lust, sondern auch Ausdruck des Herrschaftswillens dieses jungen Mannes.

Tamar gehörte nach israelitischer Vorstellung als unver-heiratete Frau in den Einflussbereich ihres Vaters und wird zum Opfer ihres Halbbruders, der sie dazu benutzt, in eben diesen Machtbereich des Vaters einzudringen.

Wie wir gleich hören/lesen werden, steht die Erzählung ganz auf Seiten Tamars.

2 Sam 13,1 Danach geschah Folgendes:
Abschalom, der Sohn Davids,
hatte eine schöne Schwester namens Tamar
und Amnon, der Sohn Davids, verliebte sich in sie.
2 Sam 13,2 Amnon war sehr bedrückt und wurde fast krank
wegen seiner Schwester Tamar;
denn sie war Jungfrau
und es schien Amnon unmöglich, ihr etwas anzutun.
2 Sam 13,3 Nun hatte Amnon einen Freund namens Jonadab,
einen Sohn des Schima, des Bruders Davids.

Jonadab war ein sehr kluger Mann.
2 Sam 13,4 Er sagte zu Amnon:
Warum bist du jeden Morgen so bedrückt,
Sohn des Königs?
Willst du es mir nicht erzählen?
Amnon antwortete ihm:
Ich liebe Tamar, die Schwester meines Bruders
Abschalom.
2 Sam 13,5 Da sagte Jonadab zu ihm:
Leg dich ins Bett und stell dich krank!
Wenn dann dein Vater kommt, um nach dir zu sehen,
sag zu ihm:
Lass doch meine Schwester Tamar zu mir kommen
und mir etwas zu essen machen;
sie soll die Krankenkost vor meinen Augen zubereiten,
sodass ich zusehen und aus ihrer Hand essen kann.
2 Sam 13,6 Amnon legte sich also hin und stellte sich krank.
Als der König kam, um nach ihm zu sehen,
sagte Amnon zum König:
Meine Schwester Tamar möge doch zu mir kommen;
sie soll mir vor meinen Augen zwei Kuchen backen
und ich will die Krankenkost aus ihrer Hand essen.
2 Sam 13,7 David schickte jemand ins Haus der Tamar und
ließ ihr sagen:
Geh doch in das Haus deines Bruders
und mach ihm etwas zu essen!

Die Erzählung präsentiert Tamar als Schwester Abschaloms.

Amnon sah in seiner Halbschwester das für den Augenblick begehrenswerte Objekt zur Befriedigung seiner ungezügelten Leidenschaft. Amnon Begehren findet seine Grenzen an der Jungfräulichkeit seiner Schwester.

Interessant in diesem Zusammenhang ist, dass das hebräische Wort für "unmöglich sein" auch die Bedeutung haben kann "besonders verlockend".

Und noch etwas Interessantes gibt es hier zu bedenken:

"Jungfrau" meint im Hebräischen nicht die biologische Tatsache von noch nicht gelebter Sexualität, sondern bezeichnet den Status einer jungen heiratsfähigen Frau in der Zugehörigkeit zu ihrem Vater.

Als Verheiratete gehörte eine Frau dann in den Zugehörigkeitsbereich ihres Ehemannes.

Tamars Zugehörigkeit zum Vater macht es für Amnon sowohl besonders verlockend als auch unmöglich, mit ihr zu schlafen. Jonadab, der Freund Amnons, ersinnt deshalb eine List.

Offensichtlich ging die damalige Gesellschaft von einer strikten Trennung der Geschlechter aus, die nur in besonderen Fällen - z.B. bei Krankheit - durchbrochen werden konnte.

Das Durchtriebene an der ganzen Sache ist somit auch, dass David so zum Vermittler wird, er selbst schickt seine Tochter zu ihrem Bruder.

2 Sam 13,8 Tamar ging in das Haus ihres Bruders Amnon, der im Bett lag.
Sie nahm Teig,

knetete vor seinen Augen die Kuchen und backte sie.
2 Sam 13,9 Dann nahm sie die Pfanne und schüttete sie vor
ihm aus.
Amnon aber wollte nichts essen, sondern sagte:
Schickt alle hinaus!
Als alle aus dem Zimmer hinaus-gegangen waren,
2 Sam 13,10 sagte Amnon zu Tamar:
Bring das Essen in das Schlafgemach,
ich möchte es aus deiner Hand essen.
Tamar nahm die Kuchen, die sie zubereitet hatte,
und brachte sie ihrem Bruder Amnon in das Gemach.
2 Sam 13,11 Als sie ihm aber die Kuchen zum Essen reichte,
griff er nach ihr und sagte zu ihr:
Komm, leg dich zu mir, Schwester!
2 Sam 13,12 Sie antwortete ihm:
Nein, mein Bruder, entehre mich nicht!
So etwas tut man in Israel nicht.
Begeh keine solche Schandtat!
2 Sam 13,13 Wohin sollte ich denn in meiner Schande gehen?
Du würdest als einer der niederträchtigsten Menschen in
Israel dastehen.
Rede doch mit dem König,
er wird mich dir nicht verweigern.
2 Sam 13,14 Doch Amnon wollte nicht auf sie hören,
sondern tat ihr Gewalt an und demütigte sie
und schlief mit ihr.
2 Sam 13,15 Hinterher aber empfand Amnon eine sehr große
Abneigung gegen sie;
ja, der Hass, mit dem er sie nun hasste, war größer als
die Liebe, mit der er sie geliebt hatte.

Amnon sagte zu ihr:
Steh auf, geh weg!
2 Sam 13,16 *Sie erwiderte ihm:*
Nicht doch!
Wenn du mich wegschickst, wäre das ein noch größeres
Unrecht als das, das du mir schon angetan hast.
Er aber wollte nicht auf sie hören,
2 Sam 13,17 *sondern rief den jungen Mann, der in seinen*
Diensten stand, und sagte:
Bringt dieses Mädchen da von mir weg auf die Straße
hinaus und schließt die Tür hinter ihr ab!

Amnon tut alles, um mit seiner Schwester allein zu sein.

Als sie seine Absichten bemerkt, leistet Tamar verbalen Widerstand. Ihre Rede führt Amnon die Konsequenzen für beide vor Augen.

Sowohl Tamar als auch Amnon würde die Schande treffen. Die Wortwahl differenziert hier aber eindeutig zwischen jener Schande, die auch Unschuldige treffen kann, und der Schandtat, die ein Verbrechen ist.

Tamar sieht glasklar, dass in den Augen der Öffentlichkeit auch das Opfer einer solchen Gewalttat in Schande dasteht. Die Tat ihres Bruders bezeichnet sie eindeutig als „Schandtat", ein Begriff, der genauso gut mit „Verbrechen" übersetzt werden könnte.

Erstaunlich ist noch, dass Vers 13 andeutet, dass eine Heirat zwischen den beiden wohl offiziell möglich gewesen wäre.

Wenn wir an manchen ägyptischen Pharao denken, der

seine Schwester oder Halbschwester ehelichen konnte, ist dieser Vers eher zu verstehen, als wenn man an die strengen Vorschriften des Mose-Gesetzes denkt.

Unmittelbar auf die Vergewaltigung erfolgt ein Stimmungsumschwung Amnons von Liebe zu Hass. Vom versteckten Zimmer wirft Amnon seine Schwester hinaus auf die Straße, sozusagen in die Öffentlichkeit, obwohl Tamar inständig appelliert, es nicht zu tun.

2 Sam 13,18 Sie hatte ein Ärmelkleid an;
denn solche Obergewänder trugen die Königstöchter,
solange sie Jungfrauen waren.
Sein Diener brachte sie hinaus und schloss die Tür hinter ihr zu.
2 Sam 13,19 Tamar aber streute sich Asche auf das Haupt
und zerriss das Ärmelkleid, das sie anhatte,
sie legte ihre Hand auf den Kopf und ging schreiend weg.
2 Sam 13,20 Ihr Bruder Abschalom fragte sie:
War dein Bruder Amnon mit dir zusammen?
Sprich nicht darüber, meine Schwester,
er ist ja dein Bruder.
Nimm dir die Sache nicht so zu Herzen!
Von da an lebte Tamar einsam im Haus ihres Bruders Abschalom.
2 Sam 13,21 Doch der König David erfuhr von der ganzen Sache und wurde darüber sehr zornig.
2 Sam 13,22 Abschalom aber redete nicht mehr mit Amnon,
weder im Guten noch im Bösen;
er hasste Amnon,
weil dieser seine Schwester Tamar vergewaltigt hatte.

Das Zerreißen des Ärmelkleides signalisiert den Verlust ihres Status als Königstochter. (Wieder eine Randnotiz: nur Josef in Gen 37 trägt im Alten Testament ein Gewand mit derselben hebräischen Bezeichnung.)

Die soziale Veränderung von Tamar spiegelt sich auch darin, dass sie von da an im Haus ihres Bruders Abschalom lebt, allerdings in Einsamkeit und ohne jede Möglichkeit, eine Ehe einzugehen und Kinder zu bekommen, wie es normalerweise für israelitische Frauen vorgesehen war (und ist).

Die Vergewaltigung hat also für das Leben dieser Frau schreckliche Konsequenzen; sie nimmt ihr alle Perspektiven. Tamar verschwindet sozusagen in der Versenkung. Sie wird behandelt wie eine Witwe, mehr noch wie eine lebende Tote.

Tamar wird jedoch als weise und fest verankert im Ethos Israels dargestellt. Sie trägt das Verbrechen an die Öffentlichkeit und lässt sich erst von ihrem Bruder Abschalom zum Schweigen bringen.

Dieser spielt allerdings eine ambivalente Rolle.

Einerseits findet Tamar in seinem Haus Wohnung, andererseits bringt Abschalom Tamar zum Schweigen und nimmt die Sache - natürlich nicht uneigennützig - in die eigenen Hände.

2 Sam 13,23 Zwei Jahre später ließ Abschalom in Baal-Hazor, das bei Efraim liegt, seine Schafe scheren und lud alle Söhne des Königs ein.
2 Sam 13,24 Er ging zum König und sagte:
Dein Knecht lässt gerade seine Schafe scheren.

Der König möge doch samt seinen Dienern seinen
Knecht dorthin begleiten.
2 Sam 13,25 Der König antwortete Abschalom:
Nein, mein Sohn, wir können doch nicht alle kommen;
wir wollen dir nicht zur Last fallen.
Obwohl Abschalom ihn dringend bat,
wollte er nicht mitgehen,
sondern segnete ihn zum Abschied.
2 Sam 13,26 Da sagte Abschalom:
Kann nicht wenigstens mein Bruder Amnon mit uns
gehen?
Der König fragte ihn:
Warum soll er mit dir gehen?
2 Sam 13,27 Abschalom aber drängte ihn und der König ließ
Amnon und seine anderen Söhne mit ihm gehen.
2 Sam 13,28 Abschalom befahl seinen jungen Leuten:
Gebt Acht:
Wenn Amnon vom Wein guter Laune ist, werde ich
zu euch sagen: Schlagt Amnon tot!
Dann tötet ihn!
Habt keine Angst!
Ich selbst habe es euch ja befohlen.
Seid mutig und tapfer!
2 Sam 13,29 Die jungen Leute Abschaloms machten mit
Amnon, was ihnen Abschalom befohlen hatte.
Da sprangen alle Söhne des Königs auf, stiegen auf ihre
Maultiere und flohen.

Wie man unschwer aus der Tabelle der in Hebron

geborenen Söhne erkennen kann (siehe Tabelle Seite 97), ist Abschalom nach Amnon geboren. Für Abschalom gab es also zwei gute Gründe Amnon aus dem Weg zu räumen. Amnon ist nicht nur derjenige, der Abschaloms Schwester vergewaltigt hat, sondern er steht auch in der Thronfolge an erster Stelle.

Die Erzählung lässt Jonadab Abschaloms Mord als Racheakt am Vergewaltiger seiner Schwester interpretieren (s.u. Vers 32; vgl. dazu Vers 22). Diese Deutung der Ereignisse legt die Erzählung aber Jonadab in den Mund, der nach 2 Sam 13,3ff sowieso nicht mehr das Vertrauen der Leser und Leserinnen genießt; es gibt aber keine Deutung des Mords aus der Perspektive der Erzählung selbst.

Wenn wir auf unsere Tabelle Seite 99 schauen, dann sehen wir, dass der 2. Sohn Davids hinter Amnon Kilab genannt wird. Von ihm ist - außer eben in dieser Aufzählung - nirgendwo - und erst recht nicht in dieser Erzählung mehr die Rede.

Wir könnten jetzt die tollsten Vermutungen anstellen, was aus diesem Kilab geworden ist, aber darüber schweigt das Samuelbuch und auch die Parallelerzählung im Buch der Chronik.

Im 1 Buch der Chronik heißt dieser Kilab übrigens Daniel, warum auch immer.

Abschalom jedenfalls steigt durch den Tod seines Bruders Amnon hiernach an die erste Stelle der Thronfolge auf.

Im weiteren Verlauf des 2. Samuelbuches ab Kapitel 15 wird klar, dass es Abschalom mit dem Mord an Amnon sehr wohl um die königliche Macht in der Nachfolge Davids geht. Sein Aufstand gegen seinen Vater David zeigt dieses Machtbegehren mehr als deutlich. Und er kann nicht auf den Tod Davids warten, sondern will die Macht schon früher an sich reißen. Und vor diesem Hintergrund der Machtbesessenheit gilt es die in 2 Samuel 13,32-39 erzählten Ereignisse zu sehen.

Kehren wir kurz noch einmal zurück zu Tamar.

Der Abstand des Mordes an ihren Vergewaltiger durch ihren Bruder Abschalom von zwei Jahren zeigt an, dass ein solches Verbrechen tiefgreifende und auch lang anhaltende Konsequenzen hat. Außerdem stellt diese Zeitangabe den Zusammenhang her zwischen der Vergewaltigung Tamars und der Ermordung Amnons.

Ähnlich wie die Ernte ist die Schafschur ein Anlass zum Feiern. Abschalom lädt seinen Vater und alle seine Brüder zum Feiern ein.

Nach anfänglichem Zögern erlaubt David schließlich die Teilnahme seiner Söhne.

An dieser Stelle könnte man fragen, was passiert wäre, wenn auch David zur Feier der Schafschur gegangen wäre. Wäre dann aus dem Mord an Amnon ein Gemetzel geworden an David und die anderen Söhne, um Abschalom als Thronnachfolger auf der sicheren Seite zu wissen.

Spekulation, ganz klar!

Zu bedenken ist hier aber, dass David, wie damals in 2 Samuel 13,5-7 bei Tamar, selbst es ist, der sein Kind (Amnon) dem Gewalttäter ausliefert.

Ebenso wie er Tamar zu Amnon schickte, lässt er Amnon zu Abschalom gehen und besiegelt damit unwissentlich das Schicksal dieser seiner Kinder.

Davids Verstricktheit in die Gewalttaten in seinem eigenen Haus (steht hier für Familie) steht in Bezug und weist zurück auf Kapitel 11 und 12, auf seine eigene sexuelle Beziehung mit Batseba, der Ermordung ihres Mannes Urija und auf Natans anschließender Prophezeiung.

Außerdem stellen diese Handlungen den bisher so souveränen David jetzt als tragischen Charakter dar, gerade weil er in seiner Unwissenheit oder aber Blauäugigkeit seine Kinder einander ausliefert.

Zu beiden Gewalttaten, der Vergewaltigung Tamars und auch der Ermordung des Täters Amnon, trägt Davids Handeln bei. Inwieweit David von den gewalttätigen Absichten Amnons bzw. Abschaloms hätte wissen müssen, bleibt offen.

2 Sam 13,30 Sie waren noch auf dem Weg, als zu David das Gerücht gelangte:
Abschalom hat alle Söhne des Königs erschlagen;
nicht einer von ihnen ist übrig geblieben.
2 Sam 13,31 Da stand der König auf, zerriss seine Kleider und warf sich zu Boden.
Auch alle seine Diener, die um ihn herumstanden, zerrissen ihre Kleider.
2 Sam 13,32 Jonadab aber, der Sohn Schimas, des Bruders Davids, sagte:
Mein Herr soll nicht glauben, dass alle jungen Männer, alle Söhne des Königs, tot sind.
Nur Amnon ist tot;
denn auf Befehl Abschaloms war das eine beschlossene Sache seit dem Tag, an dem Amnon seine Schwester

gedemütigt hatte.

2 Sam 13,33 Mein Herr, der König, nehme sich die Sache
nicht so zu Herzen und denke nicht:
Alle Söhne des Königs sind tot.
Nur Amnon ist tot.

2 Sam 13,34 Abschalom aber war geflohen.
Der junge Mann jedoch, der Wache hielt,
schaute aus und sah plötzlich,
dass eine Menge Leute auf dem hinter ihm liegenden Weg
von der Seite des Berges herabkamen.

2 Sam 13,35 Da sagte Jonadab zum König:
Sieh, da kommen die Söhne des Königs.
Es ist so, wie dein Knecht gesagt hat.

2 Sam 13,36 Kaum hatte er das gesagt, da kamen die Söhne
des Königs.
Sie begannen laut zu weinen und auch der König und alle
seine Diener brachen in heftiges Weinen aus.

2 Sam 13,37 Abschalom aber floh und ging zu Talmai,
dem Sohn des Königs Ammihud von Geschur,
und David trauerte lange Zeit um seinen Sohn.

Die Rede Jonadabs in den Versen 32-33 zeigt, dass es am
Hof Davids für jemanden, der schlau (oder verschlagen)
genug ist, möglich war, die richtigen Schlüsse zu ziehen.
Jonadab weiß - entgegen dem Gerücht, alle Königssöhne
seien tot - dass Abschalom es nur auf Amnon abgesehen hat.
Was allerdings auch schon die Rede Abschaloms in Vers 26
vermuten lässt.

Dass Jonadab von David verlangt, er solle sich "die
Sache" (immerhin die Ermordung seines Erstgeborenen)

nicht so zu Herzen nehmen (siehe Vers 33) erinnert an die Aussage Abschaloms, der genau das von seiner Schwester Tamar nach deren Vergewaltigung (Vers 20) verlangt hatte.

Ansonsten stehen die Reaktionen auf die beiden Gewalttaten allerdings im Kontrast zueinander.

Während ausschließlich Tamar, als das Opfer selbst, nach der Vergewaltigung klagt und schreit, sind es nach dem Mord an Amnon der König selbst und seine anderen Söhne, die durch weinen ihre Trauer zeigen.

David, der nach der Vergewaltigung seiner Tochter zornig wird, ohne allerdings irgendetwas zu unternehmen, weint und trauert lange Zeit um seinen Sohn Amnon (Vers 36).

2 Sam 13,38 Abschalom war also geflohen und nach Geschur gegangen; dort blieb er 3 Jahre.
2 Sam 13,39 Dann aber hörte der König allmählich auf, gegen Abschalom zu hadern; denn er hatte sich damit abgefunden, dass Amnon tot war.

Erst nach drei Jahren beginnt Davids Zorn allmählich nachzulassen.

Und auch die Konsequenzen für den Täter sind sehr unterschiedlich. Abschalom muss vor dem Zorn seines Vater ins Ostjordanland nach Geschur in die Heimat seiner Mutter fliehen, Amnon hatte bis zum eigennützig motivierten Racheakt seines Bruders wegen der Vergewaltigung seiner Schwester Tamar nichts zu befürchten.

Tamar

ein Palmensetzling

ganz zart

anmutig

aufknospend

und liebreizend

herausgerissen

von dem Halbbruder

benutzt

zertrampelt

zerstört

weggeworfen

ein verspieltes Leben

und viel zu früh verdorrt

Eine Frau aus Tekoa
und die Geschichte einer Witwe

Abschalom ist nach dem Mord an seinem Halbbruder Amnon ins Exil zu seinem Großvater, dem König von Geschur, geflohen.

In 2 Sam 13,29 wird dann gesagt, dass David irgendwann aufhörte, sich über Abschalom aufzuregen, weil er darüber hinweg war, dass sein Sohn Amnon tot war. Und Joab, der Sohn der Zeruja, hat offensichtlich Interesse daran, Abschalom zurückkehren zu lassen. Wobei seine Beweggründe dafür im Dunkeln bleiben.

Aber Joab geht nicht selbst zu David, um ihn zu bewegen, seinen Groll gegen Abschalom zu beenden, sondern er schickt, wie es heißt, eine weise Frau.

Damit wird David erst einmal zum Zuhörer, während die Frau aus Tekoa ihm eine Geschichte erzählt und ihn im Anschluss daran bittet, ein Urteil zu fällen.

Wie es im Text heißt, hat Joab bestimmt und festgelegt, was die Frau David sagen soll. Doch die hält sich nicht daran, sondern argumentiert eigenständig.

Sie hat im Text der Bibel keinen Namen. Ihre Identität als Einzelperson scheint nicht wichtig zu sein.

Nach dem David ein Urteil zu ihrer Geschichte gesprochen hat, geht sie wie vorher der Prophet Natan hin, und wendet das Urteil Davids gegen ihn selbst an. Sie stellt eine direkte Verbindung zu ihrer Geschichte, die sie erzählte, und der Situation in der Beziehung zwischen David und seinem

Sohn Abschalom her.

Und David merkt, die Frau wurde vorgeschickt. Sie handelt nicht aus eigener Initiative. Und er riecht förmlich, wer dahintersteckt. Joab Trick mit der Frau aus Tekoa hat trotzdem Erfolg, weil David selbst gewillt ist, Abschalom aus dem Exil zurückkehren zu lassen.

Soweit der Rahmen dieser Geschichte mit der Frau aus Tekoa.

Sehr aufschlussreich über Verhältnisse im damaligen Israel ist allerdings mehr die Erzählung, die die Frau David erzählt. Sie verlangt ja von David ein Urteil in einem fiktiven Rechtsfall. Und der geht so:

„Eine Witwe hat zwei Söhne."

Das bedeutet schon einmal, die Frau ist als Witwe, die keinen Mann mehr hat, auf die Unterstützung dieser beiden Söhne angewiesen; denn so etwas wie Altersvorsorge oder Sozialversicherung gab es zu der Zeit ja nicht. Als Witwe gehört sie ohne Unterstützung ihrer Söhne zu den klassischen Armen in Israel, die an vielen Stellen im Alten Testament unter dem besonderen Schutz Gottes stehen.

„Einer dieser ihrer Söhne hat den anderen auf dem Feld erschlagen."

Das erinnert sofort an eine andere Geschichte, nämlich die von Kain und Abel aus dem Buch Genesis, Kapitel 4, wo auch der Bruder den Bruder erschlägt. Auch die Ortswahl „Auf dem Feld" soll daran erinnern. Zudem bedeutet diese Ortsangabe noch etwas anderes: Wenn in biblischen Texten von einem Ort „auf dem Feld" die Rede ist, wo dies oder das passiert, dann meint das außerhalb des bewohnten Gebietes. Also ein Ort ohne Zeugen. Bei dem Mord „auf dem Feld" ist kein anderer zugegen.

„Die Witwe hat jetzt nur noch einen Sohn und der ist ein Mörder."

Im alten Orient und auch in Israel galt das Prinzip der Vergeltung (Auge um Auge, Zahn um Zahn). Danach müsste dieser Sohn als Mörder, von der Sippe als Rechtsinstanz, hingerichtet, also ebenfalls getötet werden.

Dann hätte die Witwe keine Söhne mehr und die soziale Absicherung gäbe es nicht mehr. Auch würde eventuell ein vorhandener Grundbesitz und ein Vermögen an die männlichen Verwandten ihres verstorbenen Mannes fallen. Sie, die Witwe, würde in Armut abdriften.

Außerdem würde mit dem Tod des zweiten Sohnes auch die Familie aussterben.

Davids Urteil in dieser fiktiven Geschichte lautet so, wie die Frau aus Tekoa es erwartet, der Sohn, der Mörder, soll am Leben bleiben.

Doch ich finde diese Geschichte in der Geschichte viel interessanter als das ganze drumherum, weil sie so einiges über die damalige Rechtswelt und die Konsequenzen aus bestimmten Vergehen enthüllt - besonders für Frauen.

Namensgleicheit
- Tamar, eine Tochter Abschaloms
- eine Enkelin Davids?

Tamar, die Schwester Abschaloms, Sie erinnern sich, wurde nach ihrer Vergewaltigung durch ihren Halbbruder Amnon, einfach weggesperrt.

Und hier - ein Kapitel später - taucht wieder eine Tamar auf. Diesmal als Tochter von Abschalom.

Vielleicht war ja seine Schwester gestorben und er hatte aus Verbundenheit seine Tochter nach ihr benannt. Neben dieser Tochter Tamar werden hier drei Söhne von Abschalom erwähnt.

Dem widerspricht aber ein Vers später in 2 Sam 18,18, indem es heißt:

Abschalom hatte sich schon zu Lebzeiten den
Gedenkstein, der jetzt im Königstal steht,
herbeischaffen und für sich aufstellen lassen;
denn er sagte sich:
Ich habe keinen Sohn, um die Erinnerung an meinen
Namen wachzuhalten.
Er benannte den Stein nach seinem Namen;
deshalb heißt er bis zum heutigen Tag Hand Abschaloms.

Laut Stuttgarter Kommentierung des Alten Testaments wurde „Hand" (hebräisch = yad) häufiger mit „Erinnerung", „Gedenken" in Verbindung gebracht.

So heißt auch die Gedenkstätte bei Jerusalem „Yad wa-Schem", was übersetzt bedeutet: „Hand und Name".

Ob Abschalom demnach nicht nur eine Schwester mit Namen Tamar, sondern auch eine Tochter mit Namen Tamar hatte, lässt sich wie so vieles nicht mehr klären.

Übrigens heißt Tamar übersetzt: Palme.

Eine Dienerin/Sklavin als Botin

Es folgen jetzt fünf kleine Geschichten von Frauen aus den Samuelbüchern (hier das 2. Samuelbuch), deren Vorkommen man schnell überliest oder gar nicht erst zur Kenntnis nimmt.

Die erste Geschichte wird in 2 Sam 17,17 erzählt in nur einem kurzen Vers.

David ist auf der Flucht vor seinem aufständischen Sohn. Trotzdem möchte und muss er über die Entwicklung in Jerusalem informiert sein, weil sein Königtum davon abhängt und auch um Gegenmaßnahmen ergreifen zu können.

Deshalb hat er Spione dort.

Die können ihn allerdings nicht persönlich selbst aufsuchen, damit ihre Tarnung nicht auffliegt, und schicken ihm deshalb eine Dienerin oder Sklavin - völlig unauffällig.

Die Retterin
- eine Frau aus Bahurim

Doch die Botin bleibt bei ihrer gefährlichen Mission nicht unentdeckt.

Sie hat ihre Botschaft den beiden Priestersöhnen Jonatan und Ahimaaz übermittelt und diese werden auf dem Weg zu David jetzt verfolgt.

Die zweite kleine Geschichte handelt von ihrer Retterin.

Beide Priestersöhne kommen nach Bahurim, mit den Verfolgern Abschaloms auf den Fersen.

Und!

Eine clevere Retterin tut sich hier auf. Sie versteckt die beiden in einem Brunnen und breitet eine Decke über die Öffnung.

Aber das reicht ihr nicht zur Tarnung.

Auf die Decke streut sie reichlich Getreidekörner zum trocknen, sodass es so aussieht, als wäre die Decke schon länger nicht mehr bewegt worden. Als sie von den Verfolgern gefragt wird, ob sie die beiden Priestersöhne gesehen hat, antwortet sie, die wären längst weiter. Daraufhin kehren die Verfolger um und geben die Jagd auf.

So spielen bei der Rettung Davids und seines Hofstaats diese beide Frauen eine wichtige und entscheidende Rolle.

Die Mutter von Amasa

Die dritte kurze Geschichte ist nur eine Randnotiz, die aber schön verwandtschaftliche Beziehungen aufdeckt.

Sie steht in 2 Sam 17,25.

Dort heißt es, dass Abschalom, während seines Aufstandes gegen seinen Vater einen Mann mit Namen Amasa über sein Heer als Feldherrn einsetzt.

Genauso war ja Joab der Feldherr Davids.

Und dieser Amasa wird uns in diesem Vers vorgestellt bzw. seine verwandtschaftliche Verquickung mit Joab.

2 Sam 17,25 Abschalom hatte Amasa an Stelle Joabs über das Heer gesetzt.
Amasa war der Sohn eines Mannes, der Jeter der Israelit hieß;
der hatte mit Abigal, der Tochter Nahaschs geschlafen, der Schwester Zerujas, der Mutter Joabs.

Da muss man erst einmal durchblicken. Doch wenn man es genau liest, waren Amasa und Joab Vettern.

Die Mutter von Barsilai

Selten genug, aber immerhin, fast am Ende unserer Aufzählung der Frauen in den Samuelbüchern stoßen wir auf die Erwähnung einer Mutter.

Es ist die Mutter von Barsilai, eines 80 jährigen.

Der hat David auf seiner Flucht unterstützt. Nachdem David nun nach Jerusalem zurückkehren kann, will er Barsilai mitnehmen, um ihm seine Dankbarkeit zu zeigen.

Doch in dieser kleinen vierten Geschichte will Barsilai zuhause in seinem Ort bleiben, beim Grab von Vater und Mutter.

Sängerinnen

Und dieser Barsilai erwähnt noch andere Frauen - das wäre dann die fünfte kleine Geschichte - Sängerinnen.

Kein Hinweis darauf, wer sie sind und wo sie auftreten könnten. Aber sie stehen ausdrücklich da, neben ihren männlichen Kollegen.

Der Vers, in dem sie vorkommen, ist irgendwie versöhnlich nach all dem Mord und Tod und vergewaltigen.

David will, wie schon erzählt, den 80 jährigen Barsilai mit nach Jerusalem nehmen.

Doch der lehnt ab und sagt:

2 Sam 19,36 Ein Mann von 80 Jahren bin ich jetzt.
Kenne ich noch den Unterschied zwischen gut und
schlecht?
Schmeckt dein Getreuer denn noch was, was er isst
und was er trinkt?
Kann ich noch die Stimme der Sänger und Sängerinnen
hören?
Wozu soll dein Getreuer meinem Herrn und König
noch zur Last fallen?

Eine weise Frau aus Abel-Bet-Maacha

Mit der Niederschlagung des Aufstandes seines Sohnes Abschalom ist die Königsherrschaft Davids noch längst nicht wieder fest im Sattel. Es scheint so, dass Männer aus dem Stamm Benjamin, wo auch Saul herstammt, die Gunst der Stunde nutzen wollen, um in Israel einen König aus ihren Reihen zu inthronisieren. Erzählt wird hier von einem Thronaspiranten aus dem Stamm Benjamin. Er heißt Scheba-ben-Bichri und fordert alle Israeliten auf, sich von David abzuwenden. Dann flüchtet er.

Joab verfolgt ihn mit den Männern vom Stamm Juda bis hinauf weit in den Norden jenseits des Sees Kinneret. Sie jagen ihn, bis er sich in eine befestigte Stadt Abel-bet-Maacha verkriecht. Und Joab schließt ihn in der Stadt ein, so dass er nicht mehr entfliehen kann.

Dann beginnt er die Stadt zu belagern.

Und genau hier tritt dann diese Frau auf.

Weise wird sie genannt oder klug.

Und der Text dazu geht so:

2 Sam 20,15 *Als aber die Leute Joabs angekommen waren, schlossen sie ihn in Abel-Bet-Maacha ein; sie schütteten einen Damm gegen die Stadt auf, der bis an die Mauer heranreichte, und alle Leute, die bei Joab geblieben waren, bemühten sich, die Mauer zu zerstören und zum Einsturz zu bringen.* 2 Sam 20,16 *Da rief eine kluge Frau aus der Stadt:*

Hört her! Hört her!
Sagt Joab: Komm hierher, ich will mit dir reden.
2 Sam 20,17 *Er trat zu ihr heran. Die Frau fragte:*
Bist du Joab?
Er antwortete:
Ja, ich bin es.
Da sagte sie zu ihm:
Hör auf die Worte deiner Magd!
Er antwortete:
Ich höre.
2 Sam 20,18 *Sie sagte:*
Früher pflegte man zu sagen:
Man frage nur in Abel nach, so bringt man es fertig.
2 Sam 20,19 *Wir sind die friedlichsten, treuesten Menschen in Israel.*
Du aber bist darauf aus, eine Stadt, die für Israel wie eine Mutter ist, zu vernichten.
Warum zerstörst du das Erbe des HERRN?
2 Sam 20,20 *Joab antwortete:*
Das liegt mir ganz und gar fern:
Ich will die Stadt nicht vernichten und zerstören.
2 Sam 20,21 *So ist es nicht.*
Vielmehr hat ein Mann aus dem Gebirge Efraim namens Scheba, ein Sohn Bichris,
seine Hand gegen den König, gegen David, erhoben.
Ihn allein gebt heraus!
Dann werde ich von der Stadt abziehen.
Die Frau sagte zu Joab:
Gib Acht, sein Kopf wird dir über die Mauer zugeworfen werden.

2 Sam 20,22 Dann ging die kluge Frau zu allen Leuten
und sie schlugen Scheba, dem Sohn Bichris, den Kopf ab
und warfen ihn Joab zu.
Da ließ Joab das Widderhorn blasen und alle zogen von
der Stadt ab und gingen wieder zu ihren Zelten;
Joab aber kehrte nach Jerusalem zum König zurück.

Weise und klug ist diese Vermittlerin, weil sie ihre Stadt nicht nur vor der Vernichtung rettet, sondern auch dem Joab darlegt, was er da zerstören will. Sie stellt ihre Stadt dar als eine Mutter in Israel. Das heißt: als jemand, von der man sich Hilfe und Ratschläge holen kann. Also eine Stadt mit besonderen Qualitäten.

Und, wie es heißt, eine Stadt in der die friedlichsten Menschen wohnen.

Diese Erzählung rundet die vielen unterschiedlichen Eindrücke von Frauen in den Samuelbüchern ab. Ich glaube, die Geschichten der vielen Frauen, die es zu entdecken galt, haben das Bild der Frau im alten Israel ganz allgemein verändert. Es gab durchaus kluge und weise Frauen, Ratgeberinnen, die eine wichtige Rolle spielten, Frauen, die in politischen und auch kriegerischen Angelegenheiten ihre „frau" standen. Und neben den Frauen, die mit Autorität auftraten und Geschehnisse nachhaltig beeinflussten, gab es auch die Unscheinbaren, Namenlosen. Und auch sie erfüllten wichtige Funktionen in einer von Männern geprägten Welt.

Abel Bet Maacha

eine Stadt in Angst
eingeschnürt von den Soldaten

die Männer verzweifelt
die Frauen weinen schon
die Kinder sind verstummt
die Ältesten klagen:
"Gott hat uns verlassen"

da tritt sie auf
eine Frau handelt
eine Mutter in Israel

wissen will sie den Grund
herausfordernd fragt sie den Anführer:

warum dieser Auflauf
warum diese Feindschaft
warum Tod den Vielen
hast du nicht gehört, was man sagt:
"man muss nur in Abel fragen,
dann ist man schon am Ziel"

und er schüttelt den Kopf
nicht die Stadt
nur ein Mann
ein Verräter des Königs

mitten in ihren Mauern
gebt ihn heraus und wir gehen

eine Frau handelt
sie bringt ihm den Kopf
sie rettet die Stadt
und nur bei Gott hat sie einen Namen

Hoffentlich keine Frau vergessen ...

Mein Anspruch war es zu Beginn meiner Ausführungen, **alle** Frauen in den Samuelbüchern aus dem Dunkel der Vergessenheit herauzuholen und neben die männlichen Leitfiguren ins Rampenlicht zu heben.

Meine größte Befürchtung an dieser Stelle ist, irgendeine Frau übersehen zu haben.

Ich hoffe nicht!

Wenn doch, bitte ich um Nachsicht!

Aber schließen Sie das Buch noch nicht an dieser Stelle! Wir fangen nämlich noch einmal neu an, wenn auch anders.

„Aller Anfang ist schwer"

Dies gilt anscheinend nicht nur für Menschen, sondern auch für Gott.

Zu Beginn des Alten Testaments heißt es:

Gen 1,1-2 *"Im Anfang hat Gott Himmel und Erde geschaffen.*
Da war die Erde Chaos und Wüste,
Dunkelheit war da angesichts der Urflut,
und Gottes Geistkraft bewegte sich angesichts der Wasser."

In detaillierter Kleinarbeit schuf Gott dann in sechs Tagen die Welt und ihre Ordnung.

Laut dem Erzähler der Bibel.

Ich frage mich, warum Gott nicht sofort das Paradies und die gottgewollte Ordnung geschaffen hat.

Aber nochmal: "Aller Anfang ist schwer."

Auf die Hintergründe und den "Sitz im Leben" dieser ersten Schöpfungsgeschichte möchte ich am Ende meiner Ausführungen eingehen.

In dieser letzten Geschichte liegt der Anfang, der mich überhaupt auf die Idee brachte, über Frauen in alttestamentlichen Texten zu forschen und zu schreiben.

In dieser ersten Schöpfungsgeschichte liegt auch der Titel dieser Ausführungen.

„lasst UNS Menschen machen ...."

„.... als unser Bild, uns ähnlich! .....
..... Männlich und weiblich erschuf er sie."

In Genesis 1,26 und 27 finden wir diese Auszüge. Also mitten in der 1. Schöpfungsgeschichte begegnet uns das Phänomen im Wechsel des Gottesbildes.

Den meisten, mit denen ich darüber sprach, war das bisher nicht aufgefallen oder sie haben schlichtweg nicht darauf geachtet, weil Gott ja Gott ist in dieser 1. Schöpfungsgeschichte.

Und von diesem Gott heißt es ja:

Gott schuf,

Gott sprach,

Gott machte,

Gott nannte,

Gott sah.

Er, Gott, 3. Person männlich, Einzahl.

Dann aber hier in Vers 26 der Wechsel.

Plötzlich 1. Person, Plural:

„Lasst UNS ..... machen",
„ ..... als UNSER ..... Bild ..... ",
„ .....UNS ..... ähnlich".

Und noch weiter unten:

„ ..... männlich und weiblich ..... ".

Hatte Gott eine Partnerin?

Wie kann man ein männliches und weibliches Abbild von jemanden sein, der nur männlich, Gott, ist? Warum heißt es hier dann plötzlich „UNS", wenn nicht jemand bei Gott war und zwar eine weibliches Wesen?

Als ich mich an der Aufklärung dieses Phänomens versuchte, stieß ich auf erstaunlich wenige Hinweise.

Zunächst ist da die Erkenntnis der Bibelwissenschaft, dass es sich bei diesem 1. Schöpfungsgedicht um ein Werk aus priesterschriftlichen Autorenkreisen handelt, die wohl zur Zeit des Exils in babylonischer Gefangenschaft, irgendwo am Eufrat in der Mitte des 6. Jahrhunderts vor Christus tätig waren.

Was Exil für Israel bedeutete, erfahren wir hautnah aus dem Psalm 137. Darin heißt es:

Ps 137,1 An den Strömen von Babel, /
da saßen wir und weinten,
wenn wir Zions gedachten.
Ps 137,2 An die Weiden in seiner Mitte
hängten wir unsere Leiern.
Ps 137,3 Denn dort verlangten, die uns gefangen hielten,
Lieder von uns, /
unsere Peiniger forderten Jubel:
Singt für uns eines der Lieder Zions!
Ps 137,4 Wie hätten wir singen können
die Lieder des HERRN,
fern, auf fremder Erde?
Ps 137,5 Wenn ich dich je vergesse, Jerusalem,

dann soll meine rechte Hand mich vergessen.
Ps 137,6 Die Zunge soll mir am Gaumen kleben,
wenn ich deiner nicht mehr gedenke,
wenn ich Jerusalem nicht mehr erhebe
zum Gipfel meiner Freude.
Ps 137,7 Gedenke, HERR, den Söhnen Edoms
den Tag Jerusalems,
die sagten: Reißt nieder,
bis auf den Grund reißt es nieder!
Ps 137,8 Tochter Babel, du der Verwüstung Geweihte: /
Selig, wer dir vergilt deine Taten,
die du uns getan hast!
Ps 137,9 Selig, wer ergreift und zerschlägt
am Felsen deine Nachkommen!

Aus diesem Text hören wir die ganze Frustration, Wut und Hoffnungslosigkeit der verschleppten Besiegten.

Über Israel ist im Exil in Babylon ein so nie gekanntes Urchaos hereingebrochen. Es ist eine heillose Zeit, eine Zeit der Verwirrung, der Unsicherheit, der Haltlosigkeit und eine Zeit ohne Orientierung.

Familien, Sippen und Stämme, kultische, politische, religiöse, soziale und wirtschaftliche Netze, die einst bargen und schützten, sind zerrissen. Dieser Zustand des absoluten Chaos zwingt geradezu die Frage auf: Gibt es trotz allem eine umfassende Ordnung in dieser Welt? Gibt es etwas, dass diese Welt im Innersten lenkt und zusammenhält?

Und auf diese Fragen soll der Text der 1. Schöpfungsgeschichte eine positive Antwort geben.

Diese 1. Schöpfungsgeschichte will den vom Chaos bedrohten wieder den Blick öffnen für eine Ordnung in der neues Leben möglich ist.

Deshalb wurde diese 1. Schöpfungsgeschichte wahrscheinlich wie in einer Liturgie vorgetragen, mit unterschiedlichen Sprechern und mit entsprechend feierlichem Rahmen.

Bevor ich jedoch noch tiefer in die Thematik der 1. Schöpfungsgeschichte eintauchen und auf das Phänomen des "wir" und "uns" zurückkomme, möchte ich ein Gedankenspiel speziell hierzu vorstellen mit der Überschrift:

„Besiegte Sieger"
Stellen Sie sich das einmal vor:
da waren sie nun
die Besiegten
die Verlierer
entführt in die Fremde
heimatlos
gedemütigt
chancenlos
sie mussten arbeiten
schuften
sieben Tage die Woche
von Sonnenaufgang bis Sonnenuntergang
für die Sieger
für den siegreichen König
und für Marduk
den Mondgott in Babel
den Höchsten
den Allmächtigen

der Unterlegene war machtlos
sein Tempel eine Ruine
seine Stadt zerstört
sein Volk versklavt
der Verlierer
und was taten sie
die Loser
die im Exil
sie erzählten eine neue Geschichte
von ihrem Gott
der die Welt schuf
der das Chaos ordnete
das der Welt
und ihr eigenes
sie nannten ihn nicht beim Namen
das wäre zu viel Risiko
im fremden Land
sie nannten ihn Elohim
Gottheit
und sie erzählen von ihm
wie der den Mond an den Himmel heftete
der Unterlegene
heftet den Sieger ans Firmament
welche Kühnheit
welche Frechheit
welcher Mut
welche Ironie
welches Zurechtrücken der Umstände

stellen Sie sich das einmal vor:

wie sie schmunzelten
wenn sie diese Geschichte erzählten
in den Slums von Babylon
in den Behausungen der Sklaven
und ihre Sieger ahnten nicht
dass sie längst verloren hatten
denn:
wer spricht heute noch von Babylon?
wer verehrt heute noch Marduk, den Mondgott?
stellen Sie sich das einmal vor! -

Wenn die 1. Schöpfungsgeschichte nicht in der Bibel stünde, könnte sie an jeden beliebigen Gott gerichtet sein. Auch zum Beispiel an Marduk, den Mondgott, den Hauptgott in der Stadt Babylon.

Und so sehr auch die Priesterschrift - also die Autoren der 1. Schöpfungsgeschichte - von Formeln und Schemata geprägt ist, so haben die Schreiber auch einen gewissen - ich sag einmal - "eigenen Humor" und versteckte Anspielungen in ihrer Schöpfungsgeschichte nicht vergessen.

Natürlich war es als Sklavenarbeiter unmöglich andere Götter zu verehren als die der Bezwinger. Schließlich hatte JHWH gegen den Götterhimmel der Babylonier mit Marduk an der Spitze den Krieg verloren.

So die Auffassung der damaligen Zeit.

Wenn ein Volk ein anderes im Krieg besiegte und unterwarf, wurde die Götterwelt des unterworfenen Volkes entweder ausgelöscht oder assimiliert.

Doch erstaunlicherweise nicht JHWH. Im Gegenteil! Erst im Exil werden wesentliche Merkmale der späteren jüdischen Religion und des JHWH-Kultes neu überdacht und fixiert.

אוֹר   יְהִי

- jehi or
- es werde sein Licht (als Gegensatz zu Finsternis)
-

וַיְהִי־אוֹר

- wa jehi or
- und es wurde Licht.

Das Wort „jehi" ist derselbe Wortstamm wie das Wort „ejäh". Es handelt sich hier nur um eine andere Form. Für den Insider klingt also in Verwendung dieses Wortes der Name an, den Gott dem Mose am brennenden Dornbusch genannt hatte.

„ejäh ascher ejäh" = JHWH

Also bestimmt ist die 1. Schöpfungsgeschichte nicht ein Gedicht an irgendeine Gottheit, sondern - versteckt zwar - aber doch erkennbar, ist es JHWH, der das Licht schafft und nicht nur Licht.

Natürlich steckt auch sehr viel Ironie darin, obwohl es auch äußerst riskant ist, wenn die Schöpfergottheit (elo-

196

him=JHWH) am 4. Schöpfungstag zwei Leuchtkörper macht. Einen großen für den Tag und einen kleineren für die Nacht.

Mit anderen Worten:

Der Schöpfer-Elohim (=JHWH) erschafft den Mond, der hier nur kleinerer Leuchtkörper genannt wird, und heftet ihn an den Himmel.

Im übertragenen Sinn: JHWH erschafft den Mond (= Gott Marduk) und hängt ihn als Lampe für den Nachthimmel auf. Ironischer kann man wohl nicht mit einem mächtigen Staatsgott umgehen, oder?

Dabei ist es wichtig zu bedenken, dass es neben JHWH im alten Israel ebenfalls einen Götterhimmel gab.

Vor dem Exil und der Zerstörung Jerusalems gab es in Israel (einschließlich Judas) keinesfalls „den Monotheismus", also den Glauben an nur einen Gott, nämlich JHWH. Vielfach lässt sich das noch daran erkennen, wenn von JHWH als dem „Gott der Heerscharen" die Rede ist.

Durch sämtliche Bücher des Alten Testaments zieht sich der Vorwurf, Israel und Juda hätten die alten Götter und Göttinnen der Kanaanäer und anderer Völker, die schon im Land ansässig waren, verehrt. Wie ein roter Faden gibt es dann auch immer wieder Hinweise, dass Israel und Juda erst die Götzen aus ihrer Mitte entfernen müssen, um ihren Gott JHWH wieder gnädig zu stimmen.

Obwohl es nicht ausdrücklich da steht, aber es gibt im Alten Testament auch göttliche Frauen.

Eva zum Beispiel.

In der frühjüdischen und christlichen Tradition spielt sie vor allem die Rolle der unheilvollen Verführerin.

In Genesis 3, Vers 20 wird aber von Eva gesagt, dass sie die *„Mutter allen Lebendigen"* sei. Das ist mehr als eine menschliche Frau zu leisten im Stande ist. Der Name „Eva" (hebräisch: „chawwa") ist ursprünglich der Name einer altorientalischen Göttin („cheba" oder „chewa"), unter anderem die Göttin der Geburt.

Meiner Ansicht nach spielte zumindest eine weibliche Gottheit, ob nun Aschera oder später Astarte, im Kult des alten Israels und Judas in der Bevölkerung eine nicht unwesentliche Rolle.

Und das nicht nur vorübergehend, sondern durchweg bis ins Exil hinein.

Man könnte sagen:

Als die 1. Schöpfungsgeschichte im Exil entstand, war JHWH verheiratet. Ihm war eine mächtige Muttergottheit zur Seite gestellt. Bevor JHWH im Zuge der Entwicklung zum Monotheismus begann, weibliche Rollen selbst zu übernehmen, war dem männlich aufgefassten JHWH eine weibliche Partnerin beigesellt.

1975 entdeckte man im Negev zwischen Gaza und Eilat die Reste einer Karawanserei. Die Ruine stammt aus der Zeit um 800 vor Christus und trägt den Namen: Kuntillet Adschurot.

Sensationell waren Inschriften auf den Wänden und Scherben von Vorratskrügen, die lauteten:

„..... durch JHWH und Aschera ..... ".

Bis dahin kannte man „Aschera" nur als Partnerin des kanaanäischen Gottes Baal, als eine Göttin, deren Symbol ein heiliger Baum war, ein Kultpfahl, der auch an manchen Stellen im Alten Testament auftaucht.

Bei zahlreichen Ausgrabungen in Juda und Jerusalem selbst wurden außerdem in vielen Häusern Figuren einer weiblichen Gottheit mit stark betonten Brüsten gefunden.

Somit gibt es neben den zahlreichen Bibelstellen jetzt auch archäologische Hinweise darauf, dass eine weibliche Gottheit „Aschera" neben JHWH verehrt wurde.

Kommen wir noch einmal zurück auf unsere 1. Schöpfungsgeschichte.

Hier ist noch ganz viel von diesem Götterpaar mit eingeflossen, was den Plural der 1. Person deutlich erkennen lässt:

„..... lasst UNS Menschen machen .....
als UNSER Bild .....
wie UNSERE Ähnlichkeit .....
männlich und weiblich schuf er sie ..... ".

Die nächste Bibelstelle, die wiederum das Götterpaar im Hintergrund vermuten lässt, ist Genesis Kapitel 11, Vers 7. Auch hier spricht JHWH in der 1. Person Plural, wenn es da heißt:

„Auf, steigen WIR hinab und verwirren WIR...."

Auch beim Turmbau zu Babel und der Sprachverwirrung ist also JHWH und Aschera tätig.

Das dieses Phänomen, die Partnerschaft JHWH mit einer weiblichen Gottheit kein Einzelfall war, belegen einige

Stellen im Alten Testament. Das beginnt schon im Buch Exodus. In Exodus 34 Kapitel 34, Vers 13 heißt es ziemlich wörtlich:

„Vielmehr ihre Altäre sollt ihr niederreißen
und ihre Steinmale sollt ihr zerschlagen
und ihre Ascherapfähle sollt ihr umhauen."

Besonders ins Auge fällt bei einer Durchsicht der Stellen, in denen von Göttinnen die Rede ist, die Säuberungsaktion die König Joschija im 7. Jahrhundert vor Christus durchführte.

Im 2. Buch der Könige Kapitel 23, Vers 13 lesen wir da:

„Desgleichen entweihte der König (Joschija)
die Kulthöhen östlich von Jerusalem,
südlich vom Berg des Verderbens,
die Salomo, der König von Israel,
für Astarte, die Göttin der Sidonier,
für Kemosch, den Götzen der Moabiter, und
für Milkom, den Gräuel der Ammoniter erbaut hatte"

Und weiter heißt es in 2 Kön 23,14-15:

„Er zerbrach die Steinmale, hieb die Kultpfähle
(Ascheren) um und füllte ihre Stätten mit
Menschenknochen. .
..... Auch den Altar ..... zerstörte er ..... und
verbrannte den Kultpfahl (Aschera)."

Der hochangesehene Salomo verehrte also Astarte und Aschera genauso wie die Frauen und Männer Judas, die mit dem Propheten Jeremia Mitte des 6. Jahrhunderts vor Christus - also zirka 400 Jahre nach Salomo - vor den Babyloniern nach Ägypten geflohen waren.

Beim Propheten Jeremia in Kapitel 44 steht die Antwort der Frauen, die der Prophet wegen ihrer mangelnden JHWH-allein-Verehrung gerügt hatte:

Jer 44,16 Was das Wort betrifft,
das du im Namen des HERRN zu uns gesprochen hast,
so hören wir nicht auf dich.
Jer 44,17 Vielmehr werden wir jedes Wort ausführen,
das aus unserem Mund hervorgegangen ist:
Wir werden der Himmelskönigin Räucheropfer
darbringen und ihr werden wir Trankopfer
ausgießen,
wie wir,
unsere Väter,
unsere Könige
und unsere Großen
in den Städten Judas und in den Straßen Jerusalems
es getan haben.
Damals hatten wir Brot genug;
es ging uns gut
und wir haben kein Unheil gesehen.
Jer 44,18 Seit wir aber aufgehört haben,
der Himmelskönigin Räucheropfer darzubringen
und ihr Trankopfer auszugießen,
fehlt es uns an allem

und wir kommen durch Schwert und Hunger um.
Jer 44,19 Wenn wir der Himmelskönigin Räucheropfer
darbringen und ihr Trankopfer ausgießen:
Geschieht es denn ohne unsere Männer,
dass wir für sie Opferkuchen mit ihrem Bild zubereiten
und ihr Trankopfer ausgießen?

„Lasst UNS Menschen machen ....", so haben wir begonnen und es bleibt festzuhalten, dass es in der Geschichte Israels und Judas neben JHWH - und vielleicht noch anderen Gottheiten - auf jeden Fall eine weibliche Gottheit gab, der höchste Verehrung zukam.

An oberster Stelle im Götterhimmel Israels und Judas gab es wohl ein Götterpaar, was durchaus damals üblich im gesamten vorderen Orient war.

Israel und Juda hatte sich während der gesamten Zeit ihrer Existenz in Kanaan assimiliert.

Schauen wir deshalb kurz noch einmal auf diese Göttin, auf Aschera.

Der Name findet sich zirka 40 Mal in der Bibel. Im kanaanäischen Götterhimmel ist sie die Gemahlin des Göttervaters El und hat den höchsten Rang unter den Göttinnen. Sie ist Schöpferin und Gebärerin, die „Heilige" schlechthin.

Später wird Anat, eine Göttin der 2. Generation, mit Aschera gleichgesetzt. Anat hatte Titel wie: Jungfrau, Herrscherin, Herrin (Königin) der Himmel.

Wir können heute mit Sicherheit davon ausgehen, dass in der Zeit von 930 bis zum Exil 587 vor Christus Aschera/ Anat in Form eines heiligen Baumes, eines Kultpfahles oder einer anthropomorphen Figur im Tempel in Jerusalem neben der Bundeslade existierte.

Selbst die Kultreformen unter König Hiskija (er regierte von 728 bis 699 vor Christus) oder König Joschija (er regierte von 641 bis 609 vor Christus) brachten nur vorübergehend die JHWH-allein-Verehrung.

Kehren wir noch einmal zu unserer 1. Schöpfungsgeschichte zurück.

Die Menschen, Mann und Frau gleichermaßen, werden in das Lebenshaus Schöpfung eingewiesen. Sie sollen quasi als „lebende Götter" die Erde mit königlicher Autorität ordnen (= herrschen).

Mann und Frau gleichermaßen, eine erstaunliche Aussage zur damaligen Zeit in einer rein patriarchalisch dominierten Gesellschaft.

Nachdem wir in einiger Kleinarbeit, die weibliche Seite JHWHs im Alten Testament entdeckt haben, wollen wir gezielt der Frage nachgehen: Was ist aus diesem „Ascheraᵏ Kult" geworden; denn eins ist klar, nach dem Exil ist keine Rede mehr von weiblichen Gottheiten neben JHWH.

Um diese Frage zu beantworten, wenden wir uns am Besten an den Propheten Sacharja.

Sacharja lebte um 520 v. Chr. in Jerusalem und war tätig so um die Grundsteinlegung des neuen Tempels nach dem Exil. Und er empfing in der Zeit eine ganze Reihe nächtlicher Visionen. Und die Vision, die uns hier interessiert ist die 5. Vision in Sach 5. Darin heißt es:

Sach 5,5 Der Engel, der mit mir redete,
kam hervor und sagte zu mir:
Erhebe deine Auge und sieh, was da hervorkommt!

Sach 5,6 Ich fragte: Was ist das?
Er antwortete: Was da hervorkommt ist ein Fass.
Und er fuhr fort:
Das ist ihre Schuld auf der ganzen Erde.
Sach 5,7 Und siehe:
Der Deckel aus Blei hob sich
und da saß eine Frau mitten im Fass.
Sach 5,8 Er sagte:
Das ist die Ruchlosigkeit.
Darauf stieß er sie in das Fass zurück
und warf die Bleiplatte auf dessen Öffnung.
Sach 5,9 Als ich meine Augen erhob und hinsah,
siehe, da traten zwei Frauen hervor
und ein Wind füllte ihre Flügel
- sie hatten nämlich Flügel wie Storchenflügel -
und sie trugen das Fass
zwischen Erde und Himmel fort.
Sach 5,10 Darauf fragte ich den Engeln,
der mit mir redete:
Wohin bringen sie das Fass?
Sach 5,11 Er antwortete mir: Ihm soll im Land Schinar
ein Tempel gebaut werden.
Ist er errichtet,
wird es dort an seinem Platz aufgestellt werden.

An dieser Stelle in den Visionen Sacharjas geht es um die Reinigung Jerusalems, ja ganz Judas, von „fremden" Göttern am Beispiel der besonders beliebten und verehrten

„Himmelskönigin".

Ob die nun identisch war mit Aschera, Anat, Astarte oder Ischtar sei einmal dahingestellt. Alle diese Göttinnen könnte man von ihren Eigenschaften und Eigenheiten her als „Himmelskönigin" bezeichnen.

Der Prophet schaut in ein Fass, wörtlich steht hier Efa. Und Efa ist die Bezeichnung für ein Hohlmaß mit einem Fassungsvermögen von zirka 32 Litern. Und in diesem Efa sitzt eine Frau. Bei der Größe des Fasses kann es sich dabei eigentlich nur um „eine Figur der Göttin" handeln.

Ob sie nun als „ruchlos" oder „boshaft" richtig übersetzt wird, jedenfalls wird das Efa mit der Göttin an den äußersten Rand der damaligen Weltkarte nach Osten in das Land Schinar geflogen. Schinar ist eine andere Bezeichnung für Babylonien. Und diese ferne Region im äußersten Osten galt nicht erst seit dem Exil als Region der Gottesfeindschaft - Assyrer und Babylonier zerstörten Israel und Juda.

Interessant ist in diesem Zusammenhang, die „Göttin" wird nicht vernichtet, wie es in unzähligen Texten im Alten Testament gefordert wurde und an vielen Stellen wird ja auch darüber erzählt, dass Ascheren und Kultpfähle zerstört oder verbrannt wurden. Nein, die „Göttin" wird sozusagen ausquartiert.

Ab hier ist nicht mehr die Rede von JHWH und Aschera.

Wie die „Göttin" dann aber als „Frau Weisheit" zurückkehrt in die Gedankenwelt des Alten Testamentes, ist ein Kapitel für sich.

Ich glaube nicht, dass die Ahnung von einer weiblichen Gottheit so ganz aus der Vorstellung der Menschen entschwunden ist und möchte mit einem Gedankenspiel um die Göttin, die auch „Liebesgöttin" war, diese Überlegungen ausklingen lassen:

Aschera
wenn ich
an einem milden Sommertag
mit geschlossenen Augen
auf meiner Gartenliege träume
sehe ich sie
über mir
im Blätterdach der Glanzmispel
die Baumgöttin
Aschera
wie der leichte Wind
die Blätter bewegt
streichelt sie mein Gesicht
die Liebesgöttin
ich seh ihr Lachen
ihre makellose Schönheit
ihre strahlenden Augen
ich höre ihre leise Stimme
ihre geflüsterten Worte
ihren lockenden Ruf
und wenn ich aufstehe
irgendwann
zurückkehre in die Männerwelt

vermisse ich sie

Heinz-Josef van Ool, geb. 1953, lebt in Mönchen-gladbach, ist verheiratet und Vater dreier Söhne.

Seit über 20 Jahren beschäftigt er sich mit der Bibel, vornehmlich mit dem Alten Testament.

In Studienreisen nach Israel, Jordanien und Syrien hat er viele Orte der Bibel besucht und auf sich wirken lassen.

Die Gedankenspiele mit biblischen Geschichten und Personen sind für ihn eine ständige Quelle für neue Gedichte, Texte und Ansprachen.

Weitere Bücher des Autors:

Heinz-Josef van Ool:
mit anderen Worten
und
mit anderen Worten II
Gedankenspiele zu biblischen Texten.

Herstellung und Verlag: Books on Demand
GmbH Norderstedt.
ISBN 978-3-7431-4885-7 und
ISBN 978-3-7448-1322-8

Die Bibel erzählt unzählige Geschichten:
Geschichten zum Nachdenken und Geschichten
die aufmuntern.
Geschichten von Männern - meistens - und von
Frauen - einige -.
Geschichten, die belehren und solche die
bekehren wollen.
Geschichten mit und ohne Gott.
Ich habe mich von diesen Geschichten
inspirieren lassen zu den unterschiedlichsten
Gedankenspielen.
Vielleicht spielen Sie einfach mit und entdecken
so manch Neues.

Heinz-Josef van Ool
mit anderen Augen
Kurzgeschichten
Herstellung und Verlag: Books on Demand
GmbH Norderstedt. ISBN 978-3-734-7917-89

Die vorliegenden Geschichten wollen herausfordern,
wollen dazu anregen mit eigenen Augen – mit
anderen Augen – Personen und Orte der Bibel zu
betrachten.
Ob es nun Geschichten zu einzelnen Personen sind,
wie:
„unrein" - was fühlt eine Frau, die von der
Gesellschaft ausgeschlossen wird?
„Barabbas" - was geht in einem vor, wenn man
plötzlich ein neues Leben geschenkt bekommt?
„Opferung Issaks" - was veranlasst eine Managerin
des Gottes „Mammon" auf die Opferung
ungeborenen Lebens zu verzichten?
„Herr Soundso" - wie stark kann Sehnsucht sein
oder um Geschichten zu Zyklen wie:
„Jordanien",
Aleppo in Syrien,
„Sakrament der Leere"
„Personen am Rande des Kreuzweges",
immer geht es um eine neue Perspektive
„mit anderen augen".

Heinz-Josef van Ool:
Eine unmögliche Forderung
Roman.
Herstellung und Verlag: Books on Demand
GmbH Norderstedt. ISBN 978-3-7357-5125-6

Ist Prophetie nur eine Erscheinung früher
Jahrtausende der Zivilisationsgeschichte? Der Autor
nähert sich in der Form eines Romans der
faszinierenden Idee, dass Prophetie durchaus auch
in unserer Zeit möglich sei.
Ein Reisender zu den heiligen Stätten des Juden-
und Christentums wird auf die Spur des
alttestamentarischen Propheten Amos gesetzt, um
selbst vorbereitet zu werden für ein Wirken als
Prophet in unserer Zeit.
Wie schon vor Tausenden von Jahren greift auch in
unserer Zeit Gott direkt, diesmal aber in
menschlicher Gestalt und erlebbar, in das Schicksal
eines relativ unbedeutenden Menschen ein, um ihn
mit der Aufgabe eines Propheten zu betrauen.
Seine Begegnungen mit Amos, einem der "kleinen
Propheten" des Alten Testaments, um 800 vor
Christi lebend, zeigen ihm, dass ein Prophet ein
ganz normaler Mensch "wie du und ich" sein kann.
Auf überraschende Weise gehen die Geschehnisse in
Gegenwart und Vergangenheit ineinander über und
halten die Geschichte damit interessant und
spannend bis zur letzten Seite.

Heinz-Josef van Ool:
und als es darauf ankam, schwieg Gott

Roman.
Herstellung und Verlag: Books on Demand
GmbH Norderstedt. ISBN 978-3-7357-8100-0

Kann eine Reise nach Israel die Trauer um den Tod
von Frau und Kind lindern?
Der Erzähler ist da mehr als skeptisch.
Trotzdem geht er das Risiko ein und lässt sich auf
dieser Reise informieren, berühren, beeindrucken,
erschüttern.
Eine Erscheinung am See Genezareth und eine neue
Liebe bringen die Farben seines Lebens zurück.
Und selbst seine Ansicht, dass Gott schweigt, immer
dann, wenn es darauf ankommt, wird hier im
Heiligen Land relativiert.

In sich abgeschlossen, erzählt der Roman von
Heinz-Josef van Ool doch eine
Fortsetzungsgeschichte seines ersten Romans.
Diesmal wird die Erzählung von vielen Textstellen
aus der Bibel und Ansprachen dazu abgerundet.